从青椒
到思想者
——教授的台阶和乐趣

诸大建　著

上海三联书店

目　录

上篇　教授有台阶

在大学当老师，要先站住后站高。从入职到资深，青椒和教授是先站住，校级教授和思想者是后站高。大学教授的高境界，是成为在学科内外有影响的战略科学家和思想者。

（1）青椒。进入大学当老师，有博士学位是必须，规范化的学术生涯是从博士开始的。博士出来要有"三会"童子功，会将自己感兴趣的问题写成别人感兴趣的课题申请书拿到研究资助，会在中英文同行评议杂志发表有引用率的论文，参加会议会做有抬头率的 presentation，这样才能在大学中如鱼得水。

（2）教授。教授是专业人士，做研究既有数量要求，也有质量要求。当教授要先务正业搞好根据地，才能向外围进行拓展。教授阶段要集中精力做好学科内、战术型的实证性研究，把大问题拆解成原子问题，在点上有增量贡献。教授当上十年，至少需要在三个小点上有增量贡献。

（3）校级教授。一旦成为校级教授，搞研究做学问就要拓宽视野、升级版本，为学科、学校、社区做出有价值的贡献。一是对学科内外的发展有战略性思考，在大格局问题上有与地位相称的能力和眼光；二是当四栖教授，在讲课和发论文之外，有能力当智囊给政府建言献策和被国际会议邀请做有影响力的报告。

（4）思想者。成为有思想影响的学者是教授生涯追求的高目标。思想者常常给人醍醐灌顶的感觉，可以打开新天地。思想者教授，一是有自己的概念在专业内被接受被认可，二是思想在更广泛的社会上有影响。思想者有自己的分析框架和分析工具，能够在别人习以为常的地方发现问题，看到问题的特殊价值，提出独辟蹊径的解决方案。

1

青椒：001—100

大学老师的好处，哈佛前教务长罗索夫斯基在《大学使用者手册》(1990)一书中说得最到位，相对于在政府和工业界做事，大学老师从工作环境到工作内容都有惬意感。

001—010：毕业留校当老师

001）现在博士毕业想进研究型大学当老师，门槛已经很高。如果没有海外名校背景，求职信投出去许多，可能连面试机会都没有。40年前我毕业留校当青椒（青年教师），不需要写求职信和面试。我学习成绩领先，一直当班长。毕业前，学校要我留校当老师。与上山下乡当知青比，与地质队出野外比，大学老师的地位和生活要优越多，我没有理由不答应。

002）"文革"时期入学的大学生，很长时间被称为工农兵大学生，国内50后一代包括国家领导层许多人有这样的经历。我1976年进校，有人说我亏了，如果晚一点就可以成为改革开放后的大学生。在大学里，我们迎来了高考恢复后的第一批大学生，而给77级和78级带课的，很多是留校当老师的工农兵大学生。

003）从那以来40多年，见证了中国大学改革开放以来的整个发展。改革开放初期，大学恢复招生，师资青黄不接。大学中的师资主要是两种人，一种是40后一批老三届大学生，他们"文革"前考入大学，因为"文革"中断了学业；另一种是50后一代工农兵大学生，"文革"时期进大学，没有学到像样的东西。

004）虽然没有复杂的门槛和流程，我们被留下来，系里的说法是留下了最好的学生。我和另一个留下来的W同学，一直被认为是基础好、能力强、成绩优的两个学霸，各种考试常常不是我第一，就是W第一。我们也有很强的业余爱好和管理能力。我当班长，组织过许多课外活动；W是体育委员，打篮球打排球都是队长。

005）工农兵大学生很快在社会上不受待见了。虽然我的业务能力是强的，上课和做研究也有口碑，但是学校发生的两件事刺激了我要报考研究生。一个是学校要对工农兵大学生搞业务考试，经过考核才能当老师；另一个是1978年后国内开始招收研究生，新分来的硕士毕业生，成为学校的掌上明珠。

006）我把问题想清楚了就有执行力。1982年寒假，我没有回上海探亲，买了一箱子方便面，闷在学校复习迎考。正月半一过开考，一举考了五门课。过了几个月来电话要我去参加面试，复试结束当场告诉我被录取了。改革开放前我们的人生是被计划的，考上研究生是改革开放后我对人生发展的第一次主动规划。

007）当时我报考研究生，没有想到以后继续当大学老师，动力来自三个现实原因。一是上山下乡当知青离开上海十多年，梦里一直想要回上海；二是从小喜欢读书，没有文革我会一路读上去，包括留学读博士，工农兵大学生对我来说是历史误会；三是考上研究生，可以更换专业，研究我喜欢的科学哲学与科技政策。

008）考上研究生对改变生活是必须成功的事情。1981年底我刚刚结婚，夫人是上海下乡知青，在浙江工作。要解决夫妻分居问题，有自己主动权的路径就是考上研究生。因为有这样的倒逼机制，我结婚后第一年春节就没有回上海探亲。面试通过后顺便回上海，夫人和家人当然高兴，觉得团圆的事情有望了。

009）考上研究生最高兴的是实现了更换专业。我大学时的专业是地质学，留校后讲授板块构造学说和大地构造理论。研究1960年代发生的地球科学革命，发现有许多有趣的人物和故事，对科技史和科学方法论有了兴趣。读研究生，考上这方面的专业，不仅有了自己喜欢的研究领域，同时打开了后来在大学里做跨学科研究者的大门。

010）硕士论文答辩通过后，导师和领导希望我继续读博士，也有想法把我留下来作为第三梯队培养。我千方百计婉谢，请有影响力的资深老师出面说情，终于实现回上海的目标。如果留在研究所读博士，学术发展道路就会与现在完全不一样，我会与地球构造和地质学家打交道，而不是在大学当教授研究可持续发展。

011—020：研究生变吃香

011）1978 年国内开始招收研究生。报考者有"文革"前的老大学生，有工农兵大学生，也有没有大学学历的直接报考者。1980 年代，大学老师中研究生学历稀缺，各个大学抢着要研究生。我 1986 年研究生毕业找工作，在上海、杭州有几个大学可以去，最后落脚同济，回上海当然是主要理由。

012）论文答辩后，研究所交给我一个给导师陈国达院士写传记的任务，希望完成后再离开。我向新单位同济大学汇报此事，学校同意我先报到，然后回去写传记，写完了再上班。这事从侧面说明当时研究生当大学老师还是抢手的。现在一个硕士生想当大学老师，尤其是研究型大学老师，已经完全不具有可能性。

013）上班后不到一年，学校有名额帮助我解决了夫妻分居问题，接着又分到了一套鸳鸯楼住房。回上海进名校当大学老师，把夫人从浙江调回上海，分到一套住房，这在1980年代的上海是极其困难的事情。不考研究生，要做成其中任何一件都不容易。现在三件事情一下子都得到解决，我的最大感叹是中国正在进入用学历说话的新时代。

014）上海出去的许多人，通过考上研究生，实现了回上海的愿望，顺带解决了夫妻分居问题。我大学的数学老师Y是老三届大学生，夫妇俩都是上海中学毕业，我是他们年轻一辈的校友。文革中她与先生一起分配到青海工作，后来先生考上了母校复旦大学的研究生，毕业后留校当老师，Y老师随之有了与孩子一起调回上海的机会。

015）以同等学历考研当上大学老师的例子是易中天。知道易中天不是因为他后来在央视《百家讲坛》讲课，而是读过他成名前写的有关上海人的文章。易中天"文革"前高中毕业，1978年考上武汉大学研究生，毕业后本来应该回新疆。时任校长刘道玉看中易的才华，想尽办法把易中天留在武汉大学，并把在新疆的夫人和孩子也一并调入。

易中天，1947年出生。在武汉度过小学、初中、高中，后来去新疆支边。1978年考入武汉大学，1981年获文学硕士学位留校任教。现任厦门大学人文学院教授。从事文学、艺术、美学、心理学、人类学、历史学等研究，著有《〈文心雕龙〉美学思想论稿》《艺术人类学》等著作以及《闲话中国人》《读城记》

等。2005年在央视《百家讲坛》节目讲解历史。2006年制作《易中天品三国》。2007年出版《帝国的终结》。（摘自百度百科）

016）许多人通过报考研究生摘掉了工农兵大学生的帽子，经济管理领域的一个例子是南京大学的赵曙明。关注赵曙明是因为我喜欢读德鲁克的书，他是德鲁克的学生。赵曙明当年被推荐进入南京大学读英语专业毕业，1981年赴美在德鲁克任教的加州克莱蒙特研究生大学读研究生。1991年回国后在介绍德鲁克的著作和思想方面做了大量工作。

赵曙明，1952年出生。1974—1977年南京大学英语专业学习，1977—1981年南京大学外文系助教。1981年赴美国留学，先后获美国加州克莱蒙特研究生大学教育学硕士和管理学博士。1991年在美国完成博士后研究回国，是较早将西方人力资源管理理论引入中国的管理学者。现任南京大学商学院名誉院长，兼任澳门科技大学研究生院院长。（摘自百度百科）

017）整个1980年代，有研究生学历当大学老师是有优势的。改革开放初期，大学师资除了"文革"前留下来的存量，增量部分主要是1970—1976年间入学后来留校的工农兵大学生，1977年和1978年高考恢复后入学毕业留校当老师的本科生，以及差不多同时期入学后来毕业留校的研究生。这是中国大学发展的一个阶段，后来就开始翻篇了。

018）我自己对能够回到上海当大学老师是知足的。后来担任系主任，我经常说，我们这些人离开上海到外地十多年，现在回来了就想安心搞学术，为大家做一些力所能及的事情。50后一代人，经历过"文革"和上山下乡，对现在的生活有珍惜感。这是我后来有 C 模式思维、思考问题不左不右、反对折腾的历史背景。

019）多年后研究可持续城市，读到一个有趣的 4R 理论，说幸福人生取决于 4 个 Right 或四个对路，即对路的教育，对路的工作，对路的伴侣，对路的城市。就自己而言，考上自己喜欢的领域和跟着有敬佩感的导师读研究生，毕业后回到上海，进入感兴趣的大学当老师，是一下子解决了其中的 3 个对路问题。

020）我现在自问，假如没有"文革"和上山下乡，对惬意人生的 4 个对路会否有不一样的考虑。回答是：当大学老师，看来就是我想做、我能做的工作；回上海，因为是故乡城市，不仅有乡愁，还有好的地点质量；教育水平读到研究生是应该的。不过当时已经看到，中国大学的规范性在提高，没有博士文凭当大学老师的日子估计不会长了。

021—030：大学老师须博士

021）改革开放后 40 年中国大学的发展，教师学历不断博士化是其中的重要方面和成绩。1980 年全国人大通过《中华人民共和国学位条例》，1981 年国务院通过博士点和博士导师名单，教育部招收第一批博士研究生 302 名，1983 年第一批博士共 18 人隆重获得国家颁发的博士学位证书。

022）中国的博士生教育可以分为三个阶段。第一阶段是 1980 年代从试点启动到加速发展；第二阶段是 1990—2003 年规模扩张，开始招收在职博士生；第三阶段是 2004 年到现在匀速增长，到 2019 年博士生招生人数已经超过 10 万。近年来博士生达不到要求、延期毕业的人在增多，其中管理学延毕率为最高，面临从外延式扩张向内涵式发展的新转型。

023）分析 1990 年以来大学老师学历博士化的进程，差不多是每十年有一次升级：1990 年代，主要是在校老师读在职博士提升学历；2000 年代，国内高校毕业博士生成为大学老师的主要来源；2010 年代，海归博士特别是欧美名校博士当助理教授成为主流。到现在，研究型大学的教师队伍有博士学位的，差不多已经接近 80%。

024）西学东渐以来，中国大学开始有出国留学获得博士学位后回国当教授的情况，例如丁文江、胡适、蒋梦麟等。经济管理领域最早的海归博士中代表性人物如发表《新人口论》的经济学家马寅初。20 世纪 30 年代初中国大学招收了少数研究生，但几乎没有自己培养的博士生。解放后到"文革"前，中国大学培养了 2 万多名研究生，但是没有授予学位。

马寅初，1882 年出生，1982 年去世。中国第一代经济学家。1898 年到上海读中学（今为上海市澄衷高级中学）。1901 年入天津北洋大学选学矿冶专业。1906 年赴美留学，1910 年获耶鲁大学经济学硕士学位，1914年获哥伦比亚大学经济学博士学位。回国后，1916年任北京大学经济系教授兼系主任。解放后，1949—1951年任浙江大学校长，1951—1960年任北京大学校长。因为《新人口论》请辞校长职务，党的十一届三中全会后得以平反。（摘自百度百科）

025）改革开放后国内文科专业中第一批获得博士学位的例子是复旦大学的葛剑雄。葛剑雄与我同为上海市政府特聘决策咨询专家，开会有机会碰到。葛剑雄"文革"前高中毕业，1978年考入复旦大学读研究生，跟随中国科学院院士谭其骧研究历史地理。1981年毕业留校后在职读博士，1983年获国内第一批文科博士学位。

葛剑雄，1945年出生。1964年高中毕业后在上海市古田中学任教。1978年考入复旦大学历史系研究生，1981年获硕士学位后留校任教。1983年在职获博士学位，1985年任副教授，1991年任教授。1996—2007年任中国历史地理研究所所长，2007年任图书馆馆长。现任全国政协常委，中央文史研究馆馆员，上海市政府参事，教育部社会科学委员会委员。（摘自百度百科）

026）1981年开始招收博士生，有资格担任博士生导师的少数老教授，是文革十年残存下来的稀缺资源。零星招生培养满足不了中国大学教师规模扩张的进程，为此中国高校和科研机构开辟了在职人员攻读博士研究生的通道。这为一批研究生毕业留校一边当教师一边提升学历提供了机会，也大幅度改变了中国大学教师的学历结构和能力结构。

027）1980 年代末和 1990 年代前半期，我给全校博士研究生讲《现代科技革命与社会发展》课程，听课学生中大多数是校内理工院系的年轻教师。他们研究生毕业后留校当老师，正好通过在职读博士提升学历，应对在大学当老师未来可能有的挑战。现在，他们大多数是各个学科的领军人物，有的已经当了院士。

028）现在国内经济管理领域的一些佼佼者，许多人是读在职博士过来的。中南大学陈晓红是一个例子。1983—1986 年我们同在原中南工业大学读研究生，但是不是一个专业，后来担任教育部管理学部委员时一起开过会。陈晓红 1994—1995 年到东京工业大学做访问学者，1999 年获东京工业大学博士学位，2017 年成为中国工程院工程管理领域最年轻的院士。

陈晓红，1963 年出生。1979—1983 年中南工业大学计算机系学习，1983—1986 年中南工业大学管理科学与工程专业研究业，毕业后留校任教。1991 年晋升为副教授，1994年晋升为教授。1994—1995 年在日本东京工业大学做高级访问学者，1999 年获日本东京工业大学经营工学博士学位。2000 年起先后任中南工业大学工商管理学院院长、中南大学

商学院院长。2014年任湖南商学院（今为湖南工商大学）校长。2017年当选为中国工程院院士。（摘自百度百科）

029）在规范跟不上发展的情况下，蜂拥而上在职读博士也难免有负面效果。例如一个学科能带博士生的导师少，在职读博士的人多，导致一个导师手下有好多同学院的弟子，加重了学科发展近亲繁殖的倾向。这样的情况在欧美的成熟大学是少见的，他们读博士不能留在本校当教师，更不要说在一个学院里有一群人在几个教授手下在职读博士。

030）我自己是研究生毕业十多年后才抓住最后的机会在职读博士的。一方面，最初大学对当老师还没有统一的博士资格要求，拿课题、发论文、升职称这些事比读博士更重要；另一方面，当初我所在的学院没有博士点和博导，读博士需要跨学科甚至跨学校，加上后来担任系里的行政职务，没有在这方面花心思。

031—040：在职读博去圆梦

031）我前后有过几次读博士的机会。1986年硕士论文通过，答辩委员会评定论文为优，推荐我读博士，但我那时的目标是回上海。一方面，长沙不是学术研究的中心，许多信息得不到；另一方面，长沙是出了名的"火炉"，长期在太热的地方生活我觉得不习惯。没有留下来读博士，对所领导心里有歉疚。

032）认真想要读博士，是 1994—1995 年在墨尔本大学做访问学者。访学期间写了一篇 30 多页正文加 10 多页注解的长论文，合作导师 Homer 很满意，几经修改后在科学史研究的 SSCI 杂志上发表了。访学中看到有墨尔本大学的博士申请信息，我就填了一个表格，Homer 写了推荐信。但是没有等到消息，我就回国了。

033）没有想到回国后不久有了好消息。一天晚上 Homer 打来国际长途，告诉我读博申请批准了，获得墨尔本大学和澳大利亚政府的双份奖学金，而且名列前茅。我的心情当然高兴，但也疑虑能否出去。我去征求校长意见，回答说已是副教授，出国读博士没意义。思考几天后，我觉得这个年龄辞职出国不是上策，给 Homer 打电话表示放弃和抱歉。

034）1997 年当上教授后我曾经想过，假如 1995 年辞职出国去读博士，情况会怎么样？虽然 3 年内写完博士论文拿学位没有问题，但是读出来后已经是 1998 年。如果留在澳大利亚搞学院派味道相对浓的科学哲学和科学史研究，即使很拼，很卖力，也不如现在搞可持续发展研究有增长的需求。想来想去，觉得没有出去是对的。

035）没有出去读博士，成就了我在可持续发展方面的研究转型。在墨尔本的时候我第一次了解到可持续发展的新概念，回国后结合中国实际写了可持续发展的研究论文，在校内发起成立了跨学科的可持续发展研究中心。可持续发展研究与自己原来的地学基础和科学技术与社会研究即 STS 有关联，对这方面的研究一开始就有内生的激情和干劲。

036）但是我的读博之心没有死，脑子里经常想起墨尔本大学访学时见到的几位高龄读博者，他们说人生没有拿到博士就不完美。于是下决心校内在职读博士，认真做准备，考试通过了，录取后选择做城市可持续发展绩效评估和治理研究的课题。1999 年 Homer 来上海，见面时知道了我的新发展，说这比到他那里读科学哲学博士好得多。

037）读博士虽然晚了，但是要求不能低。在我心目中，博士是学术研究正规军，拿学位要满足三个军规。军规一，会写申请书拿到竞争性的学术研究课题；军规二，在业内同行认可的高影响杂志上发表论文；军规三，能够做有吸引力的中英文学术报告。后来看到哈佛大学的何毓琦教授总结自己的学术生涯，也特别强调这三条。

038）从读硕士开始，我就觉得自己的爱好和长处是搞学术做研究。研究生毕业再当大学老师，超越了以前只是做教书匠的看法。我是先当教授后读博士，因此读博之前，已经在三个方面有了业绩：90 年代初在校内教师中最早拿到国家社科基金课题，在业内主流杂志发表了多篇论文，在国内学术会议上被邀请做过主旨报告。

039）之前到墨尔本大学访学一年，我写英文论文、做英文演讲、参与申报课题，锻炼了英文研究能力。有了这样的铺垫和积累，我没有感到写博士论文是痛苦的事情。资料收集和构思完备之后，一个春节假期搬入新居，我放下所有事情把晚上时间固定用来写博士论文，一个晚上写出一章，十几天后拿出了初稿。

040）后来指导博士研究生，不管在职还是脱产，我总是说读博士是人生正规学习的最后阶段，一定要自我加压经受正规的训练和磨砺。与新录取的博士生交谈，我说我们现在参加学术会议听报告、评阅论文和课题申请，看到有博士训练的人与没有博士训练的人，有好的训练的人和差的训练的人就是不一样。

041—050：从土博到海归

041）1980年代国内的大学里海归博士还不多，现在却已经成为国内研究型大学教师队伍的主要来源。发展过程大致分为三个阶段：2000年以前出去读博士的人少，回来的自然少；2000—2010年海归博士多起来，求学国别分布比较广；2010年以来强调世界名校和SCI/SSCI论文，海归博士中留美归来的占了很大比重。

042）1978年邓小平决定恢复向美国派遣留学生。后来的5年里中国派出改革开放后第一批公派留学生。当时留学门槛高，许多人拿了博士就回国，一回来就解决职称问题。1982年我参加过一次出国选拔，没有冲过第二关；1983年我考研究生英语成绩高，也有公派出国机会。如果这两次有一次顺利出国了，我也是第一批留学生，也会拿了博士就回来。

043）林毅夫是改革开放后第一个从美国学成归国的经济学博士。我担任世界经济论坛全球未来议程理事会的专家时，曾经与林毅夫在一个组。林毅夫的经历很传奇，1979年当兵的时候从台湾渡海回到大陆，1979年考入北京大学读经济学硕士。1982年赴美入芝加哥大学，师从诺贝尔经济学奖获得者舒尔茨，1987年获博士学位学成回国。

　　林毅夫（原名林正义），1952年出生。1971年台湾大学农工系肄业，1978年获台湾政治大学MBA学位，1982年获北京大学经济学硕士，1986年获美国芝加哥大学经济学博士。1987年回国后在国务院发展中心工作。1993年以来任北京大学教授，现任北京大学国家发展研究院名誉院长。主要研究领域为发展经济学、农业经济学、制度经济学。2008—2012年曾任世界银行首席经济学家兼负责发展经济学的高级副行长。（摘自百度百科）

044）我身边的例子是被称为中国工程项目管理奠基人的丁士昭。丁士昭文革前从上海中学高中毕业，1963年同济大学毕业留校任教。1980年40岁去德国达姆斯塔特工业大学进修时读博，1985年获博士学位。回国后引进工程项目管理的理论与方法，带出了一支中国工程项目管理的梦之队。2019年获美国项目管理协会Linn Stuckenbruck教育卓越奖。

丁士昭，1940年出生。主要从事建筑经济、建设项目策划、项目管理等方面的研究。1955—1958年在上海中学上学。1958—1963年同济大学建筑工程系本科学习，1963年留校任教。1980—1982年德国达姆斯塔特工业大学进修，1985年获达姆斯塔特工业大学土木工程系工学博士。1986年任副教授，1987年任教授，是同济大学工程管理研究所创始所长。（摘自百度百科）

045）1980年代出国读博士、读完就回来的那些人，是改革开放后的学术先锋队，他们有眼光能吃苦，也早早出了成绩。我前面提到，1982年我有机会通过省上的选拔，与其他人到西安外院一起参加出国EPT考试。5人中有2人上线出国读了博士，多年后学业有成，其中一人通过人才引进来到同济成为我的校友。有趣的是，他说我在国内混得好。

046）1989年以后博士回国一度出现低潮，一些人在当地拿了绿卡，一些人在观望等待。这种情况到后半期开始好转，国家的激励政策加大，2000年以后开始出现海归人员回国发展的高潮。从那时以来回国人员越来越多，大学教师中有海外求学经历和海归博士的逐渐成为主流。

047）公共管理领域回国做出成绩的一个例子是清华大学的薛澜。薛澜搞公共管理，也搞可持续发展，我有幸担任他作为院长的清华大学全球可持续发展研究院的国际专家委员会成员。薛澜1985年赴美留学，获卡内基梅隆大学工程与公共政策博士学位。1996年他回国在清华大学任教，是国内公共管理学科的领军人才。

薛澜，1959年出生。1982年毕业于原长春光学精密机械学院。1985年赴美留学，获纽约州立大学石溪分校和哈里曼公共管理学院的硕士学位，获卡内基梅隆大学工程与公共政策博士学位。1991—1996年在乔治华盛顿大学任教。1996年回国在清华大学任教，曾任清华大学公共管理学院院长。主要研究公共政策与管理、科技创新、危机管理等。（摘自百度百科）

048）晚至新世纪第一个10年，海归回国到大学求职，主要是看博士文凭，有没有高质量的论文发表不是主要指标。因此国别包容性广，同济这样的传统大学，多欧洲回国的博士，多德国回国的博士。后来海归博士求职要看SCI/SSCI论文，画风开始美国化，美国读博士回来求职开始具有优势。

049）美国拿博士要有大论文和小论文，欧洲读博士一般只写大论文。早先为了学科需要，我们引进一位德国毕业的博士，一进来就帮助解决了副教授职称。这位留德博士教学认真，学生对其评价不错，只是拿课题、发论文少有斩获。这样的情况，在一个研究型大学自然抑制了进一步的发展。

050）最近十年来，国内大学SCI/SSCI取向严重。得到意外收益的是香港，香港有四五所名列世界前100名的大学，他们培养博士和教师升等严格要求发 SCI/SSCI 论文，于是内地到香港读博士、读完回来求职的人多起来。我们学院这几年进来的青椒，在香港同一个大学毕业的就有好几个。

051—060：大学是香饽饽

051）我从 1979 年留校当老师到现在，大学教龄超 40年。如果问我喜欢的职业是什么，在政府、企业、大学三种职业中进行选择，我现在的回答肯定是当大学老师。对大学教授生活的长处和短处，因为搞通识教育而闻名世界的哈佛前教务长罗索夫斯基撰写的《大学使用者手册》（1990）一书做过有趣和如实的描述。

亨利·罗索夫斯基（Henry Rosovsky），1927 年出生。1940年 13 岁随父母从俄罗斯移居美国。1947—1949 年在威廉玛丽学院读历史学和经济学。1949—1958 年在哈佛大学读经济学获博士学位。1958—1965 年在加州大学伯克利分校任教。1965 年任哈佛大学经济学教授。1973 年至 1991 年任哈佛大学文理学院院长，主持研究并设立了哈佛大学通识教育的核心课程。（摘自百度百科）

052）罗索夫斯基提到的美国大学教授生活的长处，虽然不能简单套用到中国，但相对于在政府和工业界做事，在中国大学当教授,从工作环境到工作内容同样有类似的惬意感。第一是大学校园像公园,在校园散步有快感,加上有特色的图书馆、运动场、博物馆,被市民当作旅游点是可以理解的。

053)这几年中国发展快,大学既要大师又要大楼,校园环境变得越来越好。我们学院是一幢独立的高楼,我的办公室在20层,虽然处于西北角,但是从落地窗看出去,远处是江湾五角场,可以看到那里的视频大屏幕和中环高架的标志性蛋状物;近处可以看到校园一角,有 view 的地方总是可以让人心旷神怡。

054)大学教授生活的长处,校园环境是入门级的东西,更重要的是工作内容的非重复性,这对喜欢新东西和胡思乱想的人具有吸引力。大学教授生活在一拨比一拨年轻的学生中,可以对冲自己的年龄增长;大学教授的研究和教学总是要有新东西,没有在工业界和政府工作的机械性和枯燥无味。

055)只要思想上有底线,大学教授做学术报告是可以畅所欲言的。政府官员做报告一般比较拘谨,自己不可随便发挥。当教授做报告,照本宣科会不习惯,也不会被人家看重。我被邀请讲中国2035、城市化、生态文明、公私合作伙伴关系等问题时,会先声明自己是学者,主要讲一些研究性和讨论性的问题,希望引起大家思考。

056)在政府和大公司工作,老板叫你干什么你就得干什么,科层制起绝对作用。在大学搞行政管理,也必须按照科层制行事。但是大学教授是例外,系主任、院长、校长是名义上的领导，不是老板，不可以随便叫教授做什么事情。教授的老板是自己，可以自己决定干什么事情。

057）我担任国家课题的评审专家，有一次与国际会议时间冲突，不能到北京参加会评。有主管领导跟我电话商量，说学校里有申报项目，我去参加的话对学校会比较有利。我说国际会议在前，评审工作在后，时间已经不能改，只好表示抱歉。这样做在政府与大公司也许不可能。其实即使到北京参会，我也会按规矩办事。

058）大学教授最被人羡慕妒忌恨的地方是时间自由。教授没有8小时工作制，用不着朝九晚五，可以免受上下班高峰交通拥堵的痛苦。这当然不是说大学教授工作时间比其他人少，其实我们做事情想问题的功夫远比他人多得多，只不过可以自由安排，除了上课时间不能动，其他近乎随心所欲。

059）大学生活最优越的地方是有寒假和暑假两个假期。每当考试期快放假了，我都会兴奋起来，可以安排全家外出自由行，或参加国际学术会议兼旅行。如果不出去，就好好躲在家里写那些需要花时间的书和文章。如果没有寒暑两个长假，教授生活就少了一半以上的吸引力。

060）提到教授生活的缺点，一个著名的说法是学问—金钱—权力不平衡症。社会精英有三种，教授是知识精英，学问是大的，思想影响也许是大的，不过不如企业精英有钱，不如政治精英有权。但是谁都知道好处不能被一类人全占了，想追求独立自主当教授做学者，就不要去追权逐利。对此，我在本书后面阐发了一种惬意教授四个自由的理论。

061—070：大学从教要趁早

061）近年来有面临毕业后去向选择的海外博士问我，毕业后是到国内大学工作好还是在海外做博士后好，我总说先回国进大学工作最好。一般来说，对于有学术研究兴趣想读博士的人，我建议一定要读名校和名导；博士毕业的时候，我建议快快到大学占位为王。说大学从教要趁早，一方面是门槛在变高，另一方面是位置在变少。

062）首先是中国大学的门槛在变高。大学任教 40 年以来，我看着在中国当大学老师如何从低门槛走向高门槛，现在甚至到了超过英美大学的某种夸张状态。当然中国的大学仍然处在发展中，目前招人是基本趋势，但是大学招人的门槛逐年变高也是基本趋势，今年你不抓住任教机会，明年条件一旦提高就会轮不到。

063）有个清华博士毕业后到哈佛肯尼迪学院做博士后的青年教师，本来要在美国呆上两年，看到国内大学就业紧张，我们这边学科发展需要人才，与我联系提前一年从哈佛完成研究，通过人才引进进了同济。他庆幸如果晚一年也许就会来不了，因为学校的要求在变化，竞争者也在增多。

064）中国的研究型大学要有世界水平，入职门槛提高是合理的，但是现在的竞争有点走火入魔的状态。以前国内名校的博士就可以引进，后来海外毕业的博士就可以引进，现在已经需要有排名世界前50大学的博士学位。虽然这几年博士回国是高潮，但是一般学校拿的博士学位进不了国内的研究型大学。

065）国外大学求职有1—2篇代表作就可以，主要看研究领域和研究能力是不是符合学校需要。国内研究型大学进人，要求博士毕业有3篇SCI/SSCI论文，还必须是指定目录的A类杂志。海外名校毕业的博士，如果SCI/SSCI论文没有达到要求，到国内大学求职，即使被看中，很可能得到的答复是你可以先做师资博士后。

066）我自己带博士生，在有C刊论文可以毕业的年代，就要求学生有能力发SCI/SSCI论文。尽管这样，也经不起这几年就业行情涨价。一个博士生，读同济和香港的双博士，在学期间发表了两篇SSCI论文，毕业前找工作开始还有许多选择，后来要求有3篇SSCI论文，可选择的范围就缩小了。

067）国内博士毕业现在也开始强调SCI/SSCI论文，这是学术竞争逼迫的。带来的问题是，在三年学制里要完成1篇大论文和3篇SCI/SSCI小论文，时间肯定是不够的。按照现在英文期刊发论文的节奏，能够在四年里做到已经相当不错：第一年完成课程学习和大论文选题，后三年每年发表一篇小论文。

068）大学从教要趁早，除了门槛变高，另外一个主因是市场需求总是先高涨后稳定。改革开放以来，中国大学的就业市场是好的，因为高等教育从精英化到大众化，大学生的招收人数在扩张，国家对科研的需求在扩张。但是这样的趋势不会一直持续下去，最终总要稳定下来，美国大学的经历是镜子。

069）事实上，国内许多大学的进人编制近年来已经趋向饱和，每年招聘的人数越来越少，招聘的重点已经从总量扩张转向结构调整，重点解决一些重点领域的人才稀缺。我所在的学院有一百多号教师，4个一级学科。以往进人高峰曾达到两位数，现在进人是个位数，编制使用处于斤斤计较状态。

070）大学任教招聘需求减少的另外一个因素是教授的延迟退休，国内前100名的大学一般规定教授当博导可以延迟到65岁退休，国家政策已经允许60岁以上的人逐步延迟退休。在大学教职人数总盘子固定的情况下，延迟退休人数增多，就是新招聘人员减少。我自己拎得清，前浪到了年龄就要让位给后浪。

071—080：我做大学老师是真爱

071）我自己是没有门槛时代留校任教的，大学老师当了40年，没有觉得任职门槛节节高对我有什么影响。为什么？我的回答是，如果真心喜欢大学的学术生活，就会与时俱进提高自己的能力和绩效，不用外人拿鞭子来抽打。既然选择搞学术做研究，就要用高标准要求自己，不断提高水平适应变化的要求。

072）1983年我考上研究生，一心想出来后成为专业化的学术人才，因此把硕士当作博士读，做论文下了大功夫。毕业时不仅大论文获得好评被推荐读博士，同时也在业内权威杂志收获几篇小论文。多少年后我同意，本科出来搞学术应该直接读博士，一般搞业务最好读专业硕士，不上不下的学术型硕士其实没意义。

073）1994—1995年我到墨尔本大学做访问学者，一些人打工挣钱想回国时买上几大件家电，我却关心老外怎么做研究发论文，主动提出写英文论文。这超出合作导师Homer的想象，遂把自己的一台手提电脑借我，论文写完后帮我修改文字。我用WordPerfect码出第一篇SSCI论文，也学会了用规范的方式做实证研究。

074）2005年我到哈佛访学，除了合作做研究、听前沿性课程和报告外，我重点提升英语presentation能力。访问半年间，前后做了六次学术报告，除了哈佛，还被邀请去了耶鲁大学、休斯敦的德州农工、芝加哥的伊利诺伊大学等学校。讲演题目是自己有研究的几个方面，包括中国城市化、循环经济、可持续发展的理论与方法等。

075）我自己指导博士生，一开始就提出博士阶段要练就"三会"童子功，会将自己有兴趣的问题写成课题申请书拿到经费资助；会在业内同行认可的中英文杂志发表规范而有新意的论文；会有吸引力地做中英文学术报告。我说，我当导师带博士生只负责这样三件事情，一直到他们答辩通过。

076）学生中一个成长比较快的例子：博士生之前来自西南一所普通的大学，博士毕业后在与同济相当的国内985大学找到教职。用博士论文课题，拿到了国家自科青年课题，完成后又拿到了面上课题。发 SCI/SSCI 论文在国内 80 后同行中成为佼佼者，很快晋升副教授，几年后又破格成为教授。

077）我带博士的一个目标是，要能够与海内外名校毕业生进行竞争，凭自己的实力在国内前 50 名的学校拿到教职。如果有可能，甚至能够在海外学校拿到教职。这几年毕业后的博士生到美国去访学，觉得美国老师讲的东西在我这里都听到过，对学术前沿的了解不比人家差什么。我自己到美国访问讲学，有人不相信我是国内毕业的博士。

078）牵头搞学科建设，我进人招人没有现在流行的"四唯"概念。青椒求职人们查本科学校好不好，我看实际能力怎么样，有发展潜力就向学院和学校举荐；学科搞上去要有杂交优势出奇兵，我进人的要求是软学科的人要硬，硬学科的人要软，要拉起一支少而精、有战斗力的队伍。

079）一个名校毕业博士来求职，本科和硕士学校很一般，有人看看简历就回绝了。送到我这里，考问之下感觉是可造之材，排除众议收下来。小伙子埋头苦干好几年，拿了多个国家课题，发了多篇高影响论文，过五关斩六将晋升副教授、教授，最后当上了青年长江学者。大家说我会看人。

080）以前管理层清规戒律少，学科在进人上有一定发言权。看准了，可以收入自己真正想要的人才。现在进人门槛高，管理层拥有决定权。中规中矩的同时常常弄丢一些偶遇和发现，学科好不容易物色到有潜力的人，管理层的尺子一量，最后都进不来。我觉得大学也需要通过合作治理给学科进人用人有一点弹性。

081—090：看人识人要面试

081）原来大学招聘老师主要是面试，唯海归、唯名校、唯论文之后，面试的意义变得模糊了，就是有面试也容易走过场。其实这倒是应该学习美国大学如何招收新科博士当老师。他们常常有两次面试，先是利用开全国性或国际性会议的机会物色候选人，然后请来参加校园面试后做决定。

082）我当时搞学科建设招收新教师，基本原则是面试为主、简历为辅，只看研究潜力，不管出身如何，由此发现了一些后来证明是有用的人才。现在大学人事部门招收青椒，虽然也有面试，但实质是简历为主、面试为辅，简历过不去就没有面试的机会。按照现在这样的做法，我当时招的一些人就进不来。

083）以简历为辅、面试为主，至少有两个好处。一个是对于简历牛气的求职者可以看看其真本事，名副其实最好，名不副实就可以减少错误识人的风险；另一个是给出身有疑虑者有面试机会，特别是可以从交叉科学求职的人中获得意外的发现。可惜现在不太听到要不拘一格降人才的话了。

084）我带博士要求能做漂亮的 presentation，其含义不仅要在学术会议上做一个好报告，也要在各种面对面的交谈中给人有好的第一印象，能够产生打动人的电梯效应。我的博士生做报告做陈述，如果当评委的老师说你还没有学会诸老师做讲演的能力，他们就会感到紧张和汗颜。

085）面试识人，不是看表面化的那些术，而是看人有没有灵气和悟性，是不是可造可用；有没有自信，是不是靠得住。我手下有博士生，入门时有一点聪明、有一点狂妄，我从头到脚打击他们的傲气，让他们知道真正的牛人是低调的。到毕业工作后他们体会了高调做事、低调做人的甜头。

086）管理是处于政治和技术之间的软硬兼具学科，在理工科大学搞公共管理与宏观政策研究，我选人进人喜欢对方有跨学科研究的兴趣和激情，要求行政管理等软学科的人要变硬，有实证研究能力；技术管理等硬学科的人要变软，有政策思维能力。面试用这样的要求观察人，适应者引进，不适应的婉拒。

087）PPP与城市治理是我们的研究方向之一，有工程管理毕业的博士来求职。我问，工程管理做PPP是微观，公共管理做PPP是宏观，发表杂志要求不一样，能否经受转型。求职博士说yes，就当再读一个博士。这样的回答有上进心，进来后他努力转型，三年后在公共管理主流杂志上发表了多篇SSCI论文。

088）研究公共管理，有的人有利益相关者分析方法，缺少实务性的研究领域；有的人有实务性的研究领域，不会利益相关者分析，我们搞学科建设希望两者结合，既有分析工具又有研究靶子。一位复旦大学毕业的博士来面试，他说可以接受这样的挑战进行整合。进来后介绍他参加环境治理方面的研究，发表这方面的论文，几年后转型成功了。

089）公共管理研究，从诺贝尔经济学奖获得者西蒙开始，区分了实证传统与思辨传统两种路径。从理工院校实际出发，我们希望发展基于经济和管理的公共管理。有北京大学名教授手下的政治学博士来求职，面试时听了我们的价值取向，对转型表示有困难。这种情况下，尽管我们求才如饥似渴，但因其与我们的发展战略对不上还是选择放弃。

090）看人识人许多次，事后多次证明面试时的直觉是对的。有人求职时被认为本科学校不好，进来后却干出了比名校毕业生好得多的成绩；有人求职时被认为所学专业不相关，进来后却在学科主流杂志上发表了有影响的论文……有趣的是，等到这些青椒干出了成绩，原来拒绝他们的人倒过来到我这里想要这些人和他们的研究成果。

091—100：大学招人破"四唯"

091）大学从教 40 年，从入职和升等我看到了改革开放以来中国大学发展的三个阶段。1978—1990 年代末的第一阶段是恢复性发展，大学求职和升等不够规范化；1990 年代末十几年的第二阶段是追随性发展，求职和升等强调 SCI/SSCI 论文以及国家课题；最近几年领导人提倡破"四唯"，由此开始了第三阶段即探索自主式发展的路子。

092）对大学老师的门槛应该怎么样，相信大多数人都会同意没有博士学位肯定不行。上海人喜欢说搞事情要专业，博士学位必须是大学当老师做研究搞学问的入场券。但是在这个门槛之上，是否越"洋"越好，甚至越美国化越好，恐怕许多大学口头上不会同意，但事实上是在这么做。

093）我觉得国内大学招聘教职要有四个升华。一是要海归也要土博。现在看大学教师招聘广告，研究型大学几乎是无海归不招。以往，国产博士较多针对中国国情，国外生产的博士较多知晓国际学术规范。随着国内在后者方面的改进，国内外博士规范落差在减少，而海外博士对了解国情却不可能同步转变。

094）大学国际化本来是中国与世界的双向交流，现实中却常常是单方向的输入，其中之一就是把教师中的海归博士数量作为是否国际化的指标。于是搞学科建设需要人，下面好不容易物色到一些国内大学毕业的可用人才，上面常常一句不是海外博士就毙了。反过来引进海外博士常常是绿灯通行。

095）二是要名校但是不唯名校。国内大学求职门槛节节高的重要表现是唯名校是从，以前唯国内名校，现在唯国外名校。尽管道理大家都懂，名校也有赖博士，非名校也有好博士，但是实际干起来，常常用出身高贵与否代替了对博士实际能力的考察。非名校毕业的博士来求职常常被抹杀。

096）真正识货者知道博士的能力高低，原因不是名校，而是名学科名导师。世界前列学校的小专业不一定好，非前列学校的名专业不一定差。例如，许多人相信理工科头牌学校是 MIT，其实计算机和人工智能的王牌学科是卡内基梅隆；城市管理 MPA 的领头羊是在雪城大学而不是哈佛肯尼迪学院。

097）三是要论文但是不能唯 SCI/SSCI 甚至不能唯英文论文。国内研究型大学现在招聘教职，不但要求 SCI/SSCI 论文，甚至规定了 list，不在 list 的文章根本不看。这种做法比美国大学求职已经有过之而无不及。你物色到一些可用的海归人才，即使研究论文对口，不在 list 就进不来，这样做对跨学科研究非常不利。

098）大学求职要有代表作，但是只看 SCI/SSCI 论文，其实是外行管理者的做法，不是内行研究者的做法。我觉得求职者不能只有中文论文，也不能只有英文论文，两边的论文都应该会写。我自己做研究，带博士生，针对国内问题的研究主要发中文论文，有国际学术意义的才去发英文论文。

099）四是要留美博士但是教师队伍建设不要美国化。当前美国的高等教育和科学研究在世界上具有绝对优势，因此不管是培养博士生的规模，还是国际排名前 100 所大学，或者拥有的 SCI/SSCI 杂志，美国留学拿博士回国就职有优越性。但是教师队伍过多的美国化，堵截了中国大学的多元融合之路。

100）学术研究有两种传统，一种是英美的实证主义研究传统，从英国开始到美国发展到极致；另一种是大陆欧洲的思辨研究传统，德国是这方面的代表，所以有爱因斯坦、马克思、弗洛伊德等思想家。相当长时间内英美传统占主导，但其他传统不能销声匿迹。大学是学术研究的物质载体，教职人员要多元化导向的国际化，中国大学才可能从模仿追随到后来居上。

2

教授：101—200

从博士到教授，是将潜在能力转化为学术实绩。想在大学当教授，就要比拼三项业绩。一是拿国家级的竞争性课题；二是在同行评议杂志发论文；三是研究成果有高影响。

101—110：升等看三项业绩

101）从博士到教授，是将"三会"能力转化为学术实绩。在大学要当终身教授，就要比拼三方面的业绩。一是拿国家级的竞争性课题，在国内主要是国家自然科学基金课题和国家社会科学基金课题；二是在同行评议杂志发论文；三是研究成果有影响，有高引用率如 H 指数或获得同行认可的科研奖。

102）教授业绩三大件中，课题是投入，论文是产出，影响是效果。三者的顺序，常常代表了个人发展的三个阶段和大学升等门槛的由浅入深。最早的时候，升等讲究课题最大化，青椒解决职称问题首先看有没有国家课题如国自然课题和国社科课题；最近以来是论文产出最大化；未来的趋势是要成果影响最大化。

103）2000年以前，大学高职称人员稀缺，评职称相对容易，课题、论文、影响或奖项是可替代的，判断学术业绩的公式是做加法，加和最大化者容易胜出；2000年以来，竞争者变多，评职称变难，课题、论文、影响成为不可替代的并列项，判断学术业绩的公式是做乘法，少了其中一个，就进不了评职称的门槛。

104）校内外请我讲如何做研究，我会强调当教授要以影响为导向做研究。我的教授业绩模型是这样的：学术绩效 = 影响/产出 × 产出/投入 × 投入，即学术绩效是投入、效率（产出/投入）、效果（影响/产出）的乘积。开始时要拿课题、拿大课题拼投入，然后要用论文、用好论文拼产出，但是最终要用有创意的学术思想影响人。

105）哈佛何毓琦教授提到，20世纪60年代在美国他是先当上教授后获得课题的。20多年前我申报教授的时候手里有国家社科项目，那时候算佼佼者。但是现在靠有国家课题在研究型大学想升等已经不够了。不要说申报教授，现在的80后申请副教授，手里就有不止一个国自然、国社科的课题。

106）申报职称要看课题，最初的时候是必须。但是拿课题不能唯课题。相当长一段时间，管理层习惯用课题的多少和大小衡量教授的水平高低，结果有人拿了课题，不出成果。我自己是几类国家课题都拿过，证明在获得课题投入上有竞争性能力了，才开始不再申报课题，重点转向写论文要有影响力。

107）学者做研究要靠产出即论文论著来说话，论文是在学术界通行无阻的硬通货。学者的话语权，问一句你有什么论文就可以见分晓。当学者最初没有课题，要用论文投石问路；拿到课题，要用名实相符的论文作证明；到了资深后的学术自由阶段，可以不做课题但有持续不断的高影响产出。

108）国内研究型大学各学科，现在都有自己的中英文杂志 list，发表在目录杂志上的论文有红包奖励，例如商学院的 Dallas 24。不过我自己发论文，坚持盯住研究领域的领衔杂志，坚持在学术圈内有高可见性和高引用率，坚持在根据地杂志上做大做强，其次才是到其他有影响的杂志打游击。

109）我研究可持续发展 20 多年，最高兴的是自己的思想和概念被学术圈引用。听到有人说这个提法最早出自诸大建教授就会产生成就感，例如中科院的《中国科学发展报告》，长篇引用我的中国发展 C 模式；在循环经济论文和国家课题申请书中，读到我提出的生态福利绩效和服务循环等概念；学术会议有人做大会报告，用到我的可持续性分析模型、三圈包含模型等……

110）政治家看战略领导能力，企业家看创造财富能力，教授看思想影响力。在研究型大学当教授，发表一定量的论文是必要的，但没有思想就是过眼云烟。论文是载体，有没有做出边际贡献的思想才是目的。我常常告诫自己，当教授不能没有规范论文空谈感想，也不能有一把论文没有思想，要做有论文有思想的真学者。

111—120：当教授要有国家课题

111）有一次香港理工大学邀请我去做报告，除了讲城市可持续发展，希望我给两个助理教授的国自然申请书提建议，香港理工规定没有国家课题不能当教授。当教授要会拿高级别竞争性课题，这是吃饭本领。最近几年国内有学校晋升教授副教授，不看课题只看论文，我不好说这是否会走向另一种极端。

112）我是在不看课题的 1990 年代解决职称问题的，当时我有国家社科课题，但是对升等没有用，一些评委本人就没有拿过国家课题。2000 年以来，国家课题普遍成为当教授副教授的门槛条件，先前的教授已经上了船不用回头补船票，但是我相信拿国家课题是当教授的应有本领。教授副教授不会写申请书，拿不到大课题，就没有学术竞争力。

113）我拿课题的丰收期是在当教授后。特别是 2005—2015 年，不计省部级课题 20 多项，获得过的竞争性国家课题有：教育部哲学社会科学重大攻关项目，国家社科重点，国家自然面上和国际会议项目，国家出版基金项目。在这过程中，有了一些申报课题的故事、甘苦和感悟。

114）国自然和国社科两类课题都申请，都能做，当教授的机会就比他人多，这就需要对两者的取向有了解。某种程度上对课题价值的判断，人文社科相对于自然科学，人的因素影响更多些。国自然的评委看申请书的标准和视角相对统一，国社科的评委看申请书的眼光和价值观差异较大。因此写申请书需要估摸是在写给谁。

115）既要做国自然课题，又要做国社科课题，这是搞可持续发展研究的特点，也符合我有关可持续发展是交叉科学和管理研究的看法。申报国社科课题，质性研究可以多一点，政策导向需要多一点，指定动作需要多一点；申报国自然课题，定量研究需要多一点，学理探索可以多一点，自由选题可以多一点。

116）同样的选题写课题申请书，定量研究能力强和论文积累多的人最好报国自然课题。写国自然课题，如果不成功，常常是因为本子写得不够好。政策感觉好和有案例研究能力的人可以申报国社科课题，写社科申请书要有足够的心理准备，即使本子写得好，因为评审眼光有差异，也不一定可以拿到。

117）申请国自然如果不中，会告诉你评审专家的具体意见是什么。初次申报如果没有中，不要见异思迁，不要下一年换个题目再申报。要能够针对专家意见反思和修改，在同样的选题上进行打磨。几次下来，干中学掌握了写本子的四要素，即 why、what、how、who，会发现申请国自然是有惬意感的事情。

118）申请哲学社会科学重大重点课题，不仅要看你本子写得怎么样，以前还要看你答辩怎么样。教育部哲学社会科学设立重大攻关项目第一年，我拿到循环经济研究重大项目，有最早开始研究的原因，更有答辩胜出的功劳。申请者20多人，2人进入最后答辩，我本子写得简洁明了，答辩和PPT做得好。

119）我1998年在国内发表第一篇循环经济论文，论文在CNKI上有最多的引用量。循环经济列入重大攻关项目，我当然要申报。现在写重大课题申请书，申请者常常本子写得像书一样厚。当时我写的申请书有思想上的和研究积累上的竞争力，但是本子写得比较薄。不过我的答辩和PPT有吸引力，答辩完几个评委想要我的PPT，我就感觉有戏了。

120）从申请课题想到读博士不同于读本科和研究生，就是要练就三种基本能力。一是博士论文开题要学会如何写有理有据甚至有趣的申请书；二是博士论文和小论文要能够在同行评议杂志上发表；三是博士答辩要学会在同行面前做出有意思的报告。如果博士阶段没有把这三招学好，出来后想当教授就会路不顺。

121—130：评审课题我想说什么

121）课题申请书是写给课题评审人看的，因此了解评审人如何评审课题很重要，我称之为写本子要顾客导向。我拿过几次国自然和国社科的课题，也当过两方面的评审人。经常被人问申请课题要注意什么，被邀请谈当课题评审人怎么做判断，我会根据自己的经历谈一些要注意的问题。

122）大多数情况下，评审课题时间很紧急，评审人要在短时间内从十几篇甚至几十篇课题申请书中选出 20%—25% 左右的建议资助者。我的一般做法是这样：先大致浏览一遍，做记号分出几种档次，分出特别好的和特别差的。然后按照关键内容逐一复看打分，进行末位淘汰、头部确证，最后检查不要误判。

123）看课题申请书如同买书和看书，抓住几个重要判据可以掂出分量轻重。这样的关键点不会很多，理解这些就会在写本子时特别用心。评审课题申请书关键判据之一是看标题，看题目的关键词有哪些，如何表述概念之间的关系，有没有基于关键词的科学假说，是否可以研究、可以测量、可以检验。

124）有两种类型的申请书，看看题目、翻翻后面的内容，就可以列入另类，因为它们没有学术上的增量贡献。一类是教科书式本子，把做研究当作搞框架体系，差的国社科申请书有这种情况；另一类是把政策性讨论当作学术研究，没有科学问题，差的国自然申请书有这种情况。

125）评审课题申请书关键判据之二是看摘要，好的摘要三四百字，几句话几个句号就把申请书的 why、what、how 讲清楚，且与本子内容有对应。读这样的摘要一看就明白要研究什么问题、为什么研究、用什么方法研究，预期有什么发现以及价值。小同行大同行可看到增量贡献在哪里。

126）读了摘要就不想看下去的申请书，往往内容混乱、意思不清，不会用摘要袖珍型地讲学术故事。我称之为四无类型，即无问题、无方法、无数据或实证、无发现。如果可以对这样的申请人提建议，我的看法是平时要研读至少100篇中英文论文摘要，看看人家如何讲故事。

127）评审课题申请书关键判据之三是看研究综述中的参考文献，如果参考文献很多是著作而不是论文，如果论文来源杂志是低层次的，如果论文很多是3年前的，可以断定申请者对学术前沿是生疏的。老话说，效法其上得道其中，效法其中得道其下，低水平参考不会有高水平的研究。

128）眼光犀利的小同行，一看申请书的参考文献就可以知道申请人的水平高低和研究深浅。他们对研究领域有哪些主要的研究者，哪些杂志比较多地发表相关论文，对相关领域的学术脉络和研究前沿知根知底。他们是研究课题最识货的评审人和守门员，能够把真正有新意的东西从老掉牙的东西中挑出来。

129）评审课题申请书关键判据之四是看申请者的研究基础，在研究领域有没有发过像样的论文，有没有做过类似的课题，有没有其他可以给以证明的东西。如果这方面的积累是空白，一般不会得到放行。当学者做研究的通行证是研究成果和研究经历，没有这方面的证明评审人一般不会相信其能够做出像样的东西。

130）有人说，没有打过仗的人也能打胜仗；有人说，要给人有练手的机会，我的回答是练手要在申报国家级课题以前完成。国家级课题用的是纳税人的钱，申报和评审课题都要真刀真枪对待。当然，对于那些有论文有课题不断做老题目的人，我当评审人一般也不会放行，他们应该认识到这样做已经收益递减。

131—140：发论文先过规范关

131）时下发论文，以经济管理学科为例，国内把《经济研究》《管理世界》《中国社会科学》，国外把 *Nature*、*Science*、*PNAS* 看作最高项。发得上的人对此无比自豪，发不上的人对此不以为然。我的看法是，做研究发论文要有两阶段：年轻时候要发 Top 杂志强化研究规范，然后不管杂志如何，要写出可以成为代表作的好论文。

132）我自己是这么走过来的，分析我的论文被 CNKI 收录及其引用率的情况：在从青椒到教授的 10 年左右时间里，眼睛向上盯住高影响因子杂志发论文多，但是引用率不高；当上教授后，学术自由度增加了，更多写自己有激情的东西，发论文的杂志开始随意起来，但是论文被引用的数量比较多，在学术界有高影响的也多。

133）我经常说，评价论文有两个维度，一个维度是思想创新，另一个维度是合乎规范。好的论文既合乎规范又有思想创新，但是许多情况是两者有缺损。有的有增量思想但是严谨性不够，有的规范性很好但是研究发现是论证"马尾巴的功能"之类没有新意的东西。从实际情况看，年轻时候在高影响因子杂志上发论文，科学规范意义多于创新意义。

134）我有一个学者人生三个20年的理论：第一个20年从20—40岁是悟道，要发论文磨砺学术规范；第二个20年40—60岁是制道，要形成自己的思想；第三个20年60岁以后是传道，要总结并传授学术感悟。第一个20年，相当于现在博士毕业当助教6年到副教授，再六年到当上正教授。所以第一步要能在规范严谨的杂志上发论文。

135）指导博士研究生，我说做研究要有韧劲写好第一篇论文，第一篇磨出来了，以后的套路就有了。一些新手写论文，写了一篇论文没中就起草另外一篇论文，写了许多篇学术规范却一直达不到要求。我反对这么做，常常说一些让他们有点压力的话，我只指导你们的第一篇小论文，不指导第二篇。

136）博士期间可能在一般杂志上发过几篇小论文，但是博士毕业要想在研究型大学当老师，一定要瞄准业内 Top 杂志发论文。我引进的青椒中有两个例子，一个每年在中文顶级杂志上发论文，一个发了多篇 SCI/SSCI 又发了 *Nature* 子刊的封面论文，两个都是破格当上正教授，大家最首肯的是他们写论文有规范。

137）顶级杂志对做研究发论文有技术上的高门槛，从投稿到修改到刊出，许多功夫是在磨砺规范。就像我们当年下乡插队干农活，老农民教导我们起步的时候一定要把手势学好；就像学英语，开始学歪了后面矫正就很困难。青椒如果能在顶级杂志发两篇以上论文，就可以认为做研究的规范 OK 了。

138）学者当了教授以后，常常希望有意思的文章快快发，有时候会减少技术上的精细化雕琢。多年前我和一位博士后写过一篇讨论改革开放 30 年中国 GDP、HDI、生态足迹关系的论文，我们把稿子投给国内最 Top 的杂志，有一个评审建议技术上做大修改，但是我们改投另外一个有影响的杂志急着发掉了。

139）当学者要先站住后站高。1992 年我写过一篇科学随笔文章《科学知识的球状结构》，发表后被新华文摘全文转载，后来收入海峡两岸高中语文课本。我说，学者生产知识要有方向有深度，入门的时候用常规科学的方法顺着方向做收敛性的研究，资深的时候要有反传统的精神逆着方向做发散性的研究，倒过来做事情会有大问题。

140）如果不在青春年华练好手势，后面再回过头来补课就很难。中国的实证科学发展从西学东渐到现在大约 100 多年，30 后是第三代，50 后是第四代，70 和 80 后是第五代。过去许多年，国内学者写文章想法多、规范少。当前和未来中国学者参与世界科学竞争，一定要用国际上可以理解的语言和规范进行对话。

141—150：中英文论文都要写

141）现在的国内大学老师中，50 后开始成为化石级人物，发论文的主力是70后和80后。在经济管理等学科中，60后和70后的国产博士多写中文论文，少有英文论文，80后和海归博士多写英文论文，少写中文论文。类似中国经济要国外国内双循环，中国的学术要服务于科学与社会，大学教授应该中英文论文都会写、都能发。

142）写论文不唯SCI/SSCI是对的，但是不应该反对发英文论文。有一些习惯写中文文章的人对发SCI/SSCI论文有不屑，如果他们有发表英文论文的经历，这样说是冷思考；如果没有发过英文论文，难免会被认为是酸葡萄。领导人说立足中国大地搞学问，不等于关起门自娱自乐，不会发英文论文怎么向外国人讲中国故事？

143）发英文论文不是简单的英语问题，而是用国际通用学术规范讲中国故事的问题。一些文科学者习惯在国内杂志写××化的化学体文章、××性的性学体文章、××力的力学体文章，不会写有问题、有假说、有检验的论文。在国际会议上经常可以看到中国学者发言，讲话中的概念和逻辑老外根本听不懂。

144）博士和教授，是国际通行的头衔，会一点英语，能够用英语交流，在国际会议用英语做报告和有英文论文，是题中应有之义。如果你的头衔是博士或教授，却要通过翻译进行交流，只会在国内杂志发中文论文，这样的博士和教授是要打折扣的，自己也不会脸上发光，不会有自信。

145）我是1994—1995年在墨尔本大学做访问学者的时

候开始写英文论文的。别人出国背回来几件那时国内难买的大家电，我的成果是写出一篇有几十页正文加十几页尾注的英文论文，磨了 3 年后在 SSCI 杂志上发表。当时这样做的人不多，我庆幸用出国访学的时间补了写英文论文的功课。

146）那篇 SSCI 处女作，经历内部报告、国际会议、刊物发表三个环节，是一次完整的研究体验。初稿写成后，先在系里做 seminar 交流，有了做英语报告和答辩的体验；然后投国际会议被录取，有了会议正式发言的体验；然后投 SSCI 杂志，匿名评审后修改录用，有了发英文论文的体验。所以我现在常常说做精打磨第一篇论文很重要。

147）回看 20 多年前的英文论文处女作，解决了几个写论文的基本问题：一是论文要有增量思想贡献，把一个大想法用树状结构分解为几个部分进行分析；二是假说要有实证依据，我出去的时候没有想到写论文，研究中的数据和材料是用墨尔本大学图书馆的资源一点点啃出来的；三是注解要做得很到位，很规范。

148）研究可持续发展，最近十年来我和我的团队每年都会合作发表几篇 SCI/SSCI 论文。英文论文多起来，有两个主要因素。一方面，以前中国的发展理论与实践有落差，做研究发中文论文是引进国外理论解决中国问题；2005 年以来特别是 2012 年以来中国的发展思想与实践大踏步提升，可以用英文论文讲中国故事讨论一般问题。

149）另一方面，有了多年来的研究积累，团队研究能力在增强，我们四个研究方向的分课题人员基本成型，博士生发英文论文的能力在提高。现在我有什么好的想法，已经可以放手让博士生去做；许多时候不用我说，学生从我的讲课甚至微博、微信公众号得到启发，就可以形成假说做论文。

150）截至目前，我对中英文论文的发表数量和质量，感到基本满意。中文论文看 CNKI，在 CSSCI 杂志上发论文 100多篇，40 年的 H 指数是 44，平均每年增长 1.1；英文论文看Research Gate，独立和合作发表论文 40 多篇，积分大于 26，大于 80% 网络成员。如果没有历史因素的耽误，我相信自己会干得更好。

151—160：我爱巴斯德型研究

151）为什么中英文论文都要写，我有巴斯德型研究理论做支撑。1997 年美国学者 Strobe 写书把研究分成几类，说从实务到实务的是爱迪生型纯应用研究，从理论到理论的是普朗克型纯理论研究，沟通实务和理论的是巴斯德型应用导向理论研究。巴斯德型研究有两个方向，一是用理论解决实务，二是从实务探讨理论。

152）哈佛教授 Clark 说，可持续发展的研究是典型的巴斯德型研究，一方面用已有理论解决问题进行政策创新，另一方面从已有政策提出新的思想进行理论创新。我爱巴斯德型研究，一方面用可持续性科学的一般原理探讨中国问题，要发中文论文；另一方面用中国发展的案例探讨可持续性科学的理论问题，要发英文论文。

153）写中文论文重点是用一般理论解决中国问题，是所谓 for China 的研究；写英文论文主要是用中国材料讨论理论问题，是所谓 from China 的研究。在国内用中文写论文，宣称具有国际先进意义或者在理论上有重大创新，有井底之蛙之嫌；在国外用英文写论文，宣称对中国发展有重要的影响，有脱离实际之嫌。

154）一个担任国际自然保护组织领导的学者型官员，经常在组织里推荐我的文章，做报告用我的观点。他对手下的人说，诸大建是对中外两边情况都了解的人，你们要好好研读他的文章。我与该领导有多年交往，没有听到他当面对我这样说，这些话是他手下人转告的。我把这看作自己做巴斯德型研究有收益的证明。

155）当年我的第一篇 SSCI 论文，从中国大地构造学派的故事，研究中国地学思想的发生发展，发现近代科学在中国的演变有两个发展阶段。先是在欧美接受训练的第一代第二代海归把新概念带回来；后来本土学者结合中国情况到国际上提出自己的理论。做可持续发展研究写论文，我潜移默化接受了这样的程式和路子。

156）可以用巴斯德型模式把自己研究可持续发展的过程分三个阶段：第一阶段的 10 年（1995—2005 年），引入国外可持续发展新理念，对中国问题进行理论思考；第二阶段的 10 年（2005—2015 年），参加国际会议，用中国故事讨论可持续发展的理论问题；第三阶段是 2015 年以来，把中国五位一体发展与联合国的 SDGs 进行对照，开展两个扇面的研究。

157）在用国际前沿成果思考中国问题的研究扇面，我感到只要关注国际学术前沿，就会有写不完的好题目。一种是针对国内没有的东西，引进国际前沿的新概念新理论，1998年我写的循环经济论文是这样的例子。受到当年地质学家尹赞勋评述板块学说与中国的论文影响，我引进新概念的时候针对国内问题有理论上的新发挥。

158）另一种是对国内已经有的东西，用国际研究的前沿理论和前沿方法进行有科学意义的深化解读。国内学者讲生态文明、绿色发展、低碳发展，常常有一些不可测量、不可评估、不可报告的概念，国外人士听不懂。我写论文就用国际通用的经济增长与环境影响的脱钩发展 decouple 概念进行解读，用资源生产率、倍数 X、IPAT 进行分析。

159）在用中国故事讨论可持续发展的研究扇面，我感觉可以从中国情景产生许多有新意的理论思考。我发英文论文，在一般理论方面，是用生态文明实务发展中国 C 模式理论和发展中国家的生态经济学；在具体领域方面，对绿色发展是要强调聪明增长而不是减增长，对城市发展是要强调城市集群而不是单个城市，对合作治理是要强调政府可以有作为。

160）有很长一段时间，中国学者发英文论文，是基于英美问题用中国数据证明西方理论。我写英文论文从中国故事论可持续发展，不会担心成为单纯的学术数据输出者。我自己以及指导学生发英文论文，是要用中国故事用自己思想讨论普遍性问题，做的是"读世界书、知中国事、说自己话"的研究。

161—170：发论文要有引用率

161）一路读书到博士，二十七八岁毕业当大学老师，如果研究能力不在平均水平之下，6 年下来当副教授，12 年下来在 40 岁左右当教授，应是常规状态。一个人真的喜欢当教授做学者，升等只是程序性和年头性的事情，关键是发论文做研究是否产生影响。所以我说当大学老师要有课题、有论文、有影响三部曲。

162）现在升等习惯用高影响因子杂志衡量研究水平，Top 杂志论文越多越容易升等，忽视了论文本身是否真正有影响。发 Top 杂志不容易是对的，但是 Top 杂志有低影响论文，而非 Top 杂志有高影响论文，也是对的。我留意过身边几个发 Top 杂志破格升等的年轻教授的论文，发现论文引用率并没有达到所希望的鹤立鸡群。

163）讨论升等的门槛，我喜欢把教授副教授区分两类。一类是成功升等同时有高引用率论文的人；另一类是成功升等没有高引用率论文的人。我认为，前者才是大学教授中的精锐部队。写论文，不发表等于零，这是外部压力驱动，可以评价数量型的学术绩效；写论文，无引用等于零，这是内部自我加压，可以用来评价质量型的学术绩效。

164）从不发表等于零到无引用等于零，是当教授从高速度增长转向高质量发展的应有之路。尽管大学升等没有对引用率有要求，我对自己却有自选动作要求：当教授一定要有高引用率的代表作和持续的高引用率。我自己在 CNKI 上至今发表的 124 篇 C 刊论文中，引用率大于 10 的有 79 篇。

165）用引用率看研究成果的影响，一是看单篇论文被引和篇均被引，被引越多影响越大；二是看全部论文的 H 指数，H 篇论文被 H 次引用表示论文被引有均衡性和持久性。查 CNKI，我最高被引是 1998 年发表的循环经济论文，被引 860 次，处于国内循环经济研究文献网络中心，享受了在新领域发表第一篇研究论文的甜头。

166）单篇论文有特别高的引用率，不仅有当下的引用率，而且有一段时期的引用率，很大程度上与提出新问题、引入新理论、运用新方法有关，是研究领域的第一篇论文。我写论文对可持续性科学、循环经济和分享经济、资源生产率和生态福利绩效、中国发展 C 模式等问题有自己的思想，这些方面的论文常常有高引用率。

167）如何评价论文的整体引用率？以前经常用总引用率和篇均引用率两个指标，现在认为用 H 指数更科学更合理。H 指数很高，表示发表的论文不是偶尔为之，而是有相当数量的高被引。有人说 SCI 和 SSCI 的 H 指数超过 30 就是教授中的高水平，超过 40 就可以算在教授中鹤立鸡群了。

168）国内还没有听说，有大学用 H 指数来评教授。但是国外已有研究说，当教授 H 指数至少 18，当副教授 H 指数至少 12。这意味着博士毕业当助理教授的最初 6 年，H 指数的年增长数至少需要 2 个点。如果博士毕业当大学老师 30 年，65 岁退休时的 H 指数是 40，每年增长超过 1 个点，这样的学术生涯总体看是有高影响力的。

169）德鲁克说 management for result，我喜欢把这句话作为大学教授学术人生管理的指导原则，从结果上区分两种写论文的思维。数量型的思维是为了发表而写论文，追求多，一篇没有磨好就开写另一篇；质量型的思维是为有影响而写论文，落笔就要想到如何有高被引，一篇论文不磨成精不会罢休。

170）为发表而写论文的研究取向，常常以国外杂志的兴趣为出发点，杂志推崇什么、流行什么，跟着写什么。这可以解释为什么有些学者发表 SCI/SSCI 论文越多，离开中国实际越远。为有影响而写论文的研究取向，会以中国情景和自己的兴趣为出发点，写文章找到自己激情和高影响杂志的结合点。因此我说，做研究不要赶热门，而是要把冷门做成热门。

171—180：不要把获奖看太重

171）参加职称评审，经常碰到这样的情况：如果有两个人申请，一个发表论文能级不高、数量少，代表作引用率低，但有政府颁发的一等奖；另一个发表论文既有数量也有质量，代表作发表在同行评议的好刊物且引用率高，但是没有科研获奖。如果要我投票赞成谁，我一般推荐的是后者。

172）国内大学教授副教授升等，现在流行用科研获奖看研究影响。我强调当教授要有三把刷子即有课题、有论文、有影响，其中有影响重点不是指获奖，而是指发表的论文有引用率。论获奖，国内已经设立了一大把政府掏钱的科研成果奖；论引用率，中国发表论文量已经世界第一，但引用率还没有摆脱发展中国家水平。

173）哈佛是不把获奖、帽子等同于学术地位的。哈佛有许多诺贝尔奖获得者，美国科学院、美国工程院、美国人文艺术科学院院士等帽子教授也一大把，但是哈佛教授中最高意义的 University Professor 就是没有规定一定要发给获奖教授和帽子教授，大多数诺贝尔获奖者当不了 University Professor。

174）升等不要把获奖看太重，这当然是我的个人观点，主要有三方面的理由。理由之一，是一般性与特殊性的差异。大学当教授发论文重在生产普适性的知识，即使是写中文论文，也需要与国内外的知识存量比较有无增量贡献。而科研奖项，无论国际还是国内，无论大奖还是小奖，多多少少具有某种特殊的目的。

175）政府设立的科研奖励，与国家需要有密切关系。在国内，科学技术进步奖的数量比自然科学基础研究的奖多得多，而哲学社会科学研究没有国家级的奖项。大学教授升等用科研获奖来进行比选，一开始就在大学之间、学科之间、基础研究与应用研究之间、文科与理科之间制造了不平衡。

176）理由之二，是内部评价与外部评价的差异。学术论文的鉴别和教授职称的晋升，主要是内部评价和同行评议。政府颁发的科研成果奖更多是社会评价。如果用没有经过同行评议但是有政府成果奖的论文来申报职称，就会碰到外部评价代替内部评价的问题，即职称是评给奖还是评给论文？

177）这方面，我觉得国家自然科学基金课题的做法有科学含量，强调没有科学问题，就不是国自然要资助的课题。同样道理，教授升等不是医生、工程师升等，要看申请者的论文在认识世界的知识生产上有没有增量贡献。这主要依赖同行评议这样的内部评价机制，不能用政府科研奖这样的外部评价来简单替代。

178）理由之三，是本源性与派生性的差异。论文水平和引用率是本源性的事情，应该在教授升等中起主要作用，科研获奖是派生性的事情，最多起到辅助性的作用。夸张地说，教授的学术人生结束了，旁人和后人记得的不是你获了什么奖，而是记住了你有没有发表过像样的科研论文，在学术界有什么样的影响力。

179）我自己当教授多年，也多次获得过各种科研成果奖，除非是同行评议得到的奖，我一般不会把它们拿出来作为学术影响力的主要证明。获奖时候高兴一下子，然后把奖状放起来就完事了。反过来，对论文的引用率和 H 指数，我却是每年都要关心的，成绩提高了，有重要的引用了，我感到是对做研究发论文的最好奖励。

180）升等不要把获奖看太重，是引导学者做研究发论文往什么方向走的问题。引导大家去获奖，容易导致做研究不关心真正的科学问题，在知识生产的创新上缺少激情；引导大家去提高论文的质量和引用率，就会把做有新意的事情当作最高追求。当然获奖不是无意义，这里是强调不要用此来决定教授升等。

181—190：青椒破格升教授

181）"破格升正教授的答辩通过了！"我祝贺33岁的青年教师ZH，由衷感到高兴。评审35岁以下杰出人才破格升等的委员会，由书记、校长、院士、校学术委员会的资深教授组成。优秀人员可以越过学院直接申报，竞争激烈，审核从严，要求全票通过，达到条件者学校不限名额。

182）ZH是我看中并力荐引进的青年教师，研究资源环境政策与管理。本科、硕士、博士在清华完成，有漂亮的学历。博士毕业后到哈佛肯尼迪学院做博士后，提前完成任务到同济来求职。我与ZH不认识，但与他的清华导师和许多老师熟悉。他的博士导师是清华前校长，我们搞循环经济与环境政策的时候认识，关系不错。

183）ZH破格升教授一举成功，超出了我的预想。他在研究领域高影响因子杂志上发过一定数量的论文，这次全校一共有 4 人申报 35 岁以下正高职称，其他人都是理工科。原来觉得破格升等，搞管理研究的与理工科学科竞争有难度，结果只有他一人全票通过，在 4 个竞争者中脱颖而出。他在 *Nature Energy* 上发的封面论文，是重要的加分项。

184）破格申报 35 岁以下正教授，学校人事部门门槛要求高，代表作要校外 5 人匿名评审通过，上桌答辩的都是佼佼者。原来我想 ZH 的结果只有两种情况。高方案是与其他竞争者一起通过，毕竟他们是全校最优的年轻人才；低方案是理工科竞争者通过，搞管理的通不过。之前我对 ZH 说，没有通过也不是失败，本来就是先来试一试，为以后做努力。

185）ZH 申报和参加答辩，果然是过五关斩六将。最初材料送到学校人事处，说不符合破格申报的条件。担任学院人事工作负责递送材料的年轻博士，据理力争说在 *Nature Energy* 上发封面论文，这样的人在管理学科不多，不要用理工科的标准衡量管理学科的优秀人才。辩解被接受，ZH 的代表作被送出去盲审，送回来的结果是 5 人一致同意破格。

186）答辩每人限定只有五分钟，到了时间就停下来。ZH 在参加学校答辩前，把答辩稿给我试讲过，我说要严格把控时间。到了正式答辩场合，每个人包括 ZH 都超时。坐在我旁边的前校长嘀咕了一下，为什么不马上停下来，但是她与我耳语，说申请者中看起来还是 ZH 比较好。也有评审专家说，从冲击长江、杰青等帽子人才看，只有 ZH 看起来有希望。

187）讨论中有人提出要看外审评阅的具体意见，可以对申请人做进一步的比较。看小项的打分，有的人论文学术贡献度不明显，有的人研究成果的社会效益不明显。校长说，我们事先没有要求看社会效益，重点看学术成绩就够了。校长的话为 ZH 在评审中的胜出增加了分量，因为 ZH 的工作主要是做理论性和实证性的研究。

188）ZH 的脱颖而出，其实有一段又励志又值得引起思考的故事。学院升等杂志基于国外商学院的 Dallas 24 等设计，应用经济和宏观管理方面的 SCI/SSCI 杂志列入极少。按照这样的规定，他在学院里不要说破格，连正常申报正教授的条件也达不到，因为发表的论文不属于学院升等的 A 类杂志。

189）从 ZH 的个案中，可以看到 SCI/SSCI 杂志如何定，掌握了青年学者的学术生命，目录有偏向可以扼杀有意义的学科研究和交叉科学。因此针对唯目录的情况，我建议入职和升等要看有影响的代表作，由学者自己选择代表作，让靠得住的同行评议做出判断。我自己当评审者，不会用杂志目录判断研究水平，而是看论文的增量贡献在哪里，在业界有什么影响力。

190）最重要的是，从有影响的代表作可以区分当教授的初心是什么。如果认为教授是知识创新者，有趣的事情是思想贡献，那么做研究写论文，每篇都会呕心沥血当作代表作来写。如果把教授当作就业是拿饭碗，那么论文数量、刊物级别就是数工分，就很难说会耗费心血去搞少而精的代表作。

191—200：教授要有代表作

191）反对唯 SCI 和 SSCI 之后，教授晋升逐渐强调代表作。其实和 1990 年代教授升等也是看代表作的，只是那个时候的代表作五花八门，水平比较 low，从论文、著作到教材甚至教材中的章节不一而足。后来看 SCI/SSCI 或者相当等级中文论文的好处，是强调研究水平要看论文。现在强调代表作，是进一步强调研究论文有没有实质性的学术贡献。

192）我想到张五常当年当教授的事例。张五常 1967 年完成博士论文，1969 年被华盛顿大学一步到位聘请为教授。他自己说，1959 年他进入加州大学洛杉矶分校读本科时是 24 岁，比人家晚了五六年；1969 年 34 岁当正教授，比人家早了五六年。两头加起来节省了 10 年左右的时间。原因是因为他的代表作即博士论文《佃农理论》有重要的学术影响。

张五常，1935 年出生。新制度经济学代表人物之一。1959 年就读美国加州大学洛杉矶分校商科，后转读经济。1967 年完成博士论文《佃农理论》获博士学位，同年到芝加哥大学做博士后研究。1969 年任华盛顿大学教授。1982 年任香港大学教授，曾任经济金融学院院长，2000 年退休。曾任

美国西部经济学会会长，是第一位获此职位的美国本土之外的学者。1991年被邀请参加了诺贝尔颁奖典礼。（摘自百度百科）

193）另一个鹤立鸡群的事例是杨小凯。杨小凯文革期间坐牢10年，1983年由邹至庄教授推荐进入普林斯顿大学，由此开始他的海外学术传奇。1990年在《政治经济学期刊》发表《经济增长的微观经济机制》，1992年在《美国经济评论》发表《分工和产品多样化》。1993年当选澳大利亚社会科学院院士。我1994年到墨尔本大学做访问学者，华人学者中流传着他的故事。

杨小凯（原名杨曦光），1948年出生，2004年去世。1968—1978年在监狱服刑期间向共同关押的大学教授、工程师等人学习了大学课程。1980年考入中国社会科学院。1982年被武汉大学聘为助教、讲师。1983年赴美国普林斯顿大学读博，1988年获博士学位。1993年任澳大利亚蒙纳什大学正教授。主要学术贡献是提出新兴古典经济学与超边际分析方法和理论，2002年和2003年被两次提名诺贝尔经济学奖。（摘自百度百科）

194）教授是有学术专长的专业人士，既要有量的要求，也要有质的要求。当教授要先搞好根据地，才能向外围进行拓展。教授阶段要集中精力做好单学科、战术型的实证性研究，把大问题拆解成原子问题，在点上有增量贡献。教授当上十年，至少需要在研究领域的三个小点上有增量贡献。

195）我 1997 年当上教授，当时的研究领域是科学技术哲学和科学技术研究（STS）。评教授的时候有国家社科课题，有相当量的同行评议论文，有发表在《哲学研究》《自然辩证法研究》和 SSCI 等杂志上的代表作。外送盲审意见认为我的研究成果在可比较的人中名列前茅，一致优先推荐。

196）搞可持续发展研究 20 多年，现在被人家称为可持续发展教授，我也经常问自己，什么是我拿得出手的研究成果和代表作？ 2019 年是自己大学从教 40 年，我把自 1995 年发表第一篇可持续发展研究论文以来的情况做了一次总结和梳理，感觉拿课题、发论文、有引用率的情况还算站得住脚。

197）用获课题、发论文、有影响三个指标评定自己学术转型的业绩，拿课题方面不计省部级项目，有国家自然面上和国际会议、国家社科重点、教育部社科重大以及国家出版基金课题等；发论文方面，在业内同行评议杂志发表中英文论文 150 多篇；有影响方面，发表的论文引用率多数是在 10 以上，此外被邀请做国际会议报告 30 余次。

198）我认认真真请科技情报部门做检索，结果是：在国内，中国知网 CNKI 收入文章 261 篇，引用 8097 次；中国社会科学引文 CSSCI 收入文章 121 篇，引用 391 次。在国外，社会科学引文 SSCI 收入文章 23 篇，引用 237 次；科学引文

SCI 收入文章 13 篇，引用 113 次。除了 CSSCI，篇均引用在 10 次左右。

199）最满意的是，我与我的团队发表的论文在自己有兴趣的四个研究领域都有分布，即可持续性科学的理论与方法、循环经济和共享经济、城市可持续发展评估、可持续性合作治理。每个方面在相关的中文和 SSCI、SCI 杂志上都有相应的代表作，在英文杂志上的论文不是论证国外的理论而是提出我们自己的理论。

200）2018 年国内《经济学家》发布学者影响力报告，基于 CNKI 2006—2017 年的数据，我被列入学者影响力总被引频次前 50 人；经济学二级学科宏观经济管理与可持续发展研究最有影响力学者第 5 名；经济管理研究最有影响力学者第 45 名。与以前搞科学技术研究相比，我觉得搞可持续发展有更大的学术影响力。

3
校级教授：201—300

当教授是先站住，当校级教授是后站高。校级教授是战略科学家和四栖型教授，不但学术上在国内外有影响力，而且对所在的学科、大学、社区的发展做出重要贡献。

201—210：教授金字塔的顶端

201）在美国常青藤大学，站在教授金字塔顶端的是"大学教授"（University Professor）。如果有人是常青藤大学的"大学教授"，旁人会"wow"一声说厉害。博士毕业进大学当老师，可以用 10 年左右时间成为常任制正教授，但是并非人人都可以成为"大学教授"。哈佛大学颁发的"大学教授"少而精，许多诺贝尔获奖者都不是。

202）第一次听到"大学教授"的概念是2005年在哈佛。原来以为教授在大学里是最高位置，在哈佛才知道一般教授之上有讲席教授，讲席教授之上有"大学教授"。哈佛商学院的波特是哈佛历史上第四个获得"大学教授"头衔的学者，在哈佛参加毕业典礼听到校长Summers唯一提到名字的校内教授就是波特，说他做出了世界性贡献。

迈克尔·波特（Michael E. Porter），1947年出生。哈佛大学"大学教授"，是哈佛历史上第四位获得此项殊荣的教授。他起先在普林斯顿学机械和航空工程，随后转向商业，获哈佛大学MBA及经济学博士学位，32岁任哈佛商学院终身教授。他是商业管理界公认的"竞争战略之父"，在2005年世界管理思想家50强排行榜上位居第一。他的《竞争战略》（1980）、《竞争优势》（1985）、《国家竞争优势》（1990）被称为"竞争三部曲"。（摘自百度百科）

203）哈佛"大学教授"中比较年轻的例子是60后的城市经济学家格拉泽。我在哈佛时候听过他的几次讲演，印象深刻的是他用简单的回归方法研究低碳城市等问题，得出了与众不同的发现。这与国内有些经济管理学者喜欢用复杂方法讨论肤浅问题形成对照。后来格拉泽整合他所发表的论文出版《城市的胜利》（2011）一书，一炮打响成为学术畅销书。

爱德华·格拉泽（Edward Glaeser），1964 年出生。哈佛大学"大学教授"。1992 年获芝加哥大学经济学博士学位，1992 年至今为哈佛大学经济学教授。任肯尼迪学院 Taubman 国家和地方政府研究中心主任，Rappapor 大波士顿研究所所长。主要研究微观经济学、城市经济学和公共经济学。被认为是当下在城市经济学领域成果最多、最有影响力的学者。（摘自百度百科）

204）美国高校的"大学教授"是这样定义的："大学教授"是一所大学能够给予一个教授的名誉最高、待遇最优的头衔。"大学教授"获得者不但学术上已经在全国或国际上极具威望，有资格在一个以上的系开课，教学成绩公认卓越，而且还要对所服务的大学、所从事的学科、所在社区做出过突出贡献。

205）"大学教授"常常教学、研究、政策咨询、国际活动四项全能，是研究有发表率、讲课有抬头率、政策咨询有采纳率、国际会议有上台报告率的四栖教授。哥伦比亚大学的萨克斯是一个例子。他以前在哈佛大学肯尼迪学院主持国际发展项目，现在在哥伦比亚大学当"大学教授"，从教学、研究、咨询、国际交流各方面推进联合国全球可持续发展目标。

杰弗里·萨克斯（Jeffrey Sachs），1954 年出生。哥伦比亚大学的"大学教授"，全球发展问题专家，"休克疗法"之父。1976年、1978年、1980年分别在哈佛大学获得学士、硕士和博士学位。毕业后留校任教，1982年任副教授，1983年成为正教授。曾任哈佛大学国际研究中心主任，前联合国秘书长安南的高级顾问。2004年和2005年连续两年被《时代》杂志评为"世界百名最有影响的人物"，并被《纽约时报》称为"很可能是世界上最重要的经济学家"。（摘自百度百科）

206）把中国的特聘教授与美国的"大学教授"做一些比较是有趣的。特聘教授是目前国内高校含金量最高的校级教授。从1998年教育部设立长江学者特聘教授岗位开始，国内高校先后设立了本校的特聘教授岗位并提供最高的报酬。目的是作为高端人才激励手段，给教授中的杰出者有相对高的认可，同时吸引外部人才。

207）我于2006年成为学校里两个最早的文科特聘教授之一。我自己在同济从教，最初20年是两个10年两个台阶：第一个台阶是研究生毕业10年后当正教授；第二个台阶是正教授10年后当特聘教授。本来以为在大学里有教授的头衔就到顶了，现在多了一个特聘教授的位置，需要想想拿这份收入应该做些什么事。

208）当教授可以是一个人的战斗，但是特聘教授仍然这样做，对自己、对学校可能是边际收益递减的。我想到如果当教授是先站住，那么当特聘教授是后站高，可以有两个方面的转型：一个是从学科内和战术型的研究走向跨学科和战略性的研究；另一个是在教学和研究之外加强政策研究和国际交往成为四栖型的教授。

209）在哈佛访学的时候，做过一次中国城市可持续发展的报告。校内外来了许多人，包括哈佛城市、能源、生态、管理、法学等学科的一些名教授。讲完后一位华裔教授走到我身边，说中国学者需要你这样的战略型研究。当时觉得他的话点到了我的穴位，后来知道他是哈佛搞系统工程的资深教授何毓琦。

何毓琦，1934 年出生。从事系统控制科学及工程应用研究，动态系统现代控制理论创导者之一，美国国家工程院院士、中国科学院外籍院士、中国工程院外籍院士。1950 年何毓琦考入美国麻省理工学院，1953 年获学士学位，1955 年获硕士学位。1958 年进入哈佛大学攻读应用数学博士学位，1961 年博士毕业后留校任教。1965 年获终身教授职位，1969 年晋升为哈佛大学戈登·麦凯教授。2009 年出版《科学人生纵横》一书。（摘自百度百科）

210）把国内大学的特聘教授与哈佛的"大学教授"做比较，不好说中国的特聘教授相当于美国的"大学教授"，只能说两者共同点都是学校特聘的校级教授。当然也不好说，所有校级教授都应该成为战略科学家和四栖教授。但是我当校级教授，特别是研究可持续发展与宏观管理，觉得应该在这方面做一些有影响的事情。

211—220：校内外的战略科学家

211）我心目中有一些战略科学家的形象和故事，校内的一个例子是从事地球科学的汪品先院士。他做研究始于海洋古生物学，后来在有全球意义的中国南海深海研究和地球系统科学方面做出了重大贡献。我做研究从地学、科技政策到可持续发展，与他的研究有交集。有一次中央电视台邀请我做节目当嘉宾，解读过汪先生的研究活动及其社会意义。

汪品先，1936 年出生。同济大学教授。1960 年莫斯科大学地质系毕业后回国，先后在华东师范大学和同济大学任教。1981—1982 年获洪堡奖学金在德国基尔大学进行研究。1991年当选中国科学院院士（学部委员）。主要从事中国海域古海洋学、海洋微体古生物学和中国环境宏观演化古环境的研究，是国家重点基础研究发展规划项目"地球圈层相互作用中的深海过程和深海记录"的首席科学家，国家重点学科"海洋地质学"学科带头人。（摘自百度百科）

212）学校里，像汪先生这样从专业学者到战略科学家的教授不止一个，代表性的事例是已故老校长李国豪与宝钢的故事。当年社会上对要不要在上海建宝钢有反对意见，官司打到了最高领导人邓小平那里。于是研究桥梁的李国豪受国家之托担任组长，组织人马进行独立的评估咨询，结论是支持。现在宝钢人时常充满感情地说，没有李国豪就没有今天的宝钢。

李国豪，1913年出生，2005年逝世。桥梁工程与力学专家、教育家。1936年毕业于同济大学土木系，1938年赴德国达姆斯塔特工业大学，1940年获工学博士。1946年回国后历任同济大学教授、土木系主任、工学院院长、教务长、副校长、校长、名誉校长等。1955年当选中国科学院首批学部委员（院士），1994年当选中国工程院首批院士。曾任上海市第六届政协主席、全国政协常委等。（摘自百度百科）

213）李国豪的故事发生在我来同济之前，汽车教授万钢作为战略科学家的故事则是感同身受。万钢是留德博士，在德国大众待过多年，了解中外在汽车发展上的差异。他在国外就给国家提出战略建议，说国内在内燃机汽车方面滞后多年，自主创新应该在新能源汽车上弯道超车。国家接受建议，万钢回国发展，担任新能源汽车研制的首席科学家。

万钢，1952年出生。1969—1975年从上海到吉林插队。1975—1978年在东北林业大学学习后留校任教。1979—1981年考入同济大学读硕士研究生，毕业后留校任教。1985—1991

年为德国克劳斯塔尔工业大学博士研究生。1991—2001年在德国奥迪汽车公司任职。2001—2004年回国在同济大学任教。2004—2007年任同济大学校长。2007年之后先后任科学技术部部长，致公党中央主席，全国政协副主席，中国科学技术协会主席。（摘自百度百科）

214）与万钢有关的另外一个战略性的事情，是提出建设环同济知识经济圈。与传统的象牙塔型大学不同，同济的教授和学生，专业领域与社会发展息息相关，多年来一直有内生的知识溢出和破墙办学意识，1980年代以来围绕大学形成了赤峰路设计一条街。2007年万钢接棒校长，提出要把一条街建设成为环同济的知识经济圈，积极发展创业型大学。

215）万钢当初提出的两件事情后来都做到了。一是规划环同济圈十年产值达到300亿，2018年已经超过400亿；二是同济成为有中国特色的创业型大学，环同济圈成为大学、社区、园区三区联动创新型城市的范例。同济的做法，助推了上海杨浦区的城市转型，实现了从百年工业城区到现代知识城区的提升。

216）万钢的战略科学家能力，是他后来高升到北京当科技部长的独特竞争力。十年后，他以全国政协副主席和中国科协主席的身份回同济，召集校、区两边人员研讨杨浦发展版本更新，要把知识杨浦升级到智慧杨浦。这一次他提出的目标不是单纯的GDP，而是如何创建生产、生活、生态"三生"协调的智慧城区。

217）搞可持续发展，清华大学钱易院士是我尊敬的战略科学家。当年钱先生向中国环境与发展国际合作委员会建议研究中国循环经济发展战略，我被邀请加入研究团队。我说循环经济不是垃圾处理而是绿色经济，推进循环经济的牵头部门最好是发改委。钱先生接受建议，向上力推，最后被国家接受了。这成为中国搞循环经济与国外不同的一大体制特色。

钱易，1935 年出生。清华大学教授。主要研究废水处理技术、清洁生产与循环经济等。1952 年考入同济大学卫生工程专业，1957 年进入清华大学土木工程系读研究生，1959 年毕业留校任教。1981—1983 年在美国康乃尔大学任访问学者。1988—1989 年在荷兰德尔夫特技术大学任访问教授。1994 年当选为中国工程院院士。曾任清华大学学术委员会主任，中国科学技术协会副主席，全国人大环境与资源保护委员会副主任。（摘自百度百科）

218）国外可持续发展的战略科学家，我比较关注挪威学者 Randers。他是《增长的极限》一书的核心作者，参加了该书从 1972 年到 2012 年所有版本的写作。2012 年他出版《2052：未来四十年的中国与世界》一书，我应邀为中文译本写了评论附在书中。2009 年国际学术界提出地球行星边界概念，他呼吁联合国 SDGs 应该放在地球行星边界框架内推进。

乔根·兰德斯（Jorgen Randers），1945 年出生。罗马俱乐部元老级成员。曾任 BI 挪威商学院院长。1972 年在麻省理工学院斯隆商学院攻读博士学位时，就作为最年轻的负责人参与《增长的极限》一书的研究与写作。该书被认为是 20 世纪最有影响力的著作，全球畅销四十年，各语种销量达三千万册。2012 年出版《2052：A Global Forecast for the Next Forty Years》一书，讨论了未来人类在可持续发展进程中面临的机遇、挑战和战略。（摘自百度百科）

219）在管理学领域，已故诺奖获得者西蒙是不可多得的战略科学家，他的研究领域覆盖了公共管理、经济学、计算机和人工智能以及科学哲学。在每一个所涉足的领域，他都提出了新的研究方向，为后人打开了新天地。他开创了经济和管理导向的公共管理研究路径；在经济学领域强调决策的有限理性；他是人工智能研究的最早倡导者；他还在科学哲学领域发表过高见。

赫伯特·西蒙（Herbert A. Simon），1916 年出生，2001 年去世。公共管理学家、经济学家、认知科学家，1975 年图灵奖得主，1978 年诺贝尔经济学奖得主。1936 年获芝加哥大学政治学本科学位，1943 年获政治学博士学位。先后在加州大学伯克利分校、伊利诺伊理工大学和卡内基梅隆大学任教。西蒙的决策理论，是以社会系统理论为基础，吸收古典管理

理论、行为科学和计算机科学等的内容而发展起来的一门边缘学科。（摘自百度百科）

220）最近几年来，美籍华裔教授徐淑英成为倡导负责任的管理教育的战略科学家。这个运动与可持续发展有密切关系，我研读过她的论文和著作，同意她的看法。管理学理论起始于实践，因为1959年的两个报告走向科学。但是最近几年来学院派的管理学，在话题上日益脱离社会，在方法上失去严谨性，徐淑英呼吁要有一次世界性的管理教育变革。

徐淑英，1948年出生。亚利桑那州立大学凯里商学院讲座教授。1974年赴美求学，1981年在加州大学洛杉矶分校获企业管理博士学位。1981—1988年杜克大学任教。1988—1995年加州大学商学院任教。1995年后担任香港科技大学商学院组织管理系创始主任。2011—2012年任美国管理学会会长，是唯一同时获得ASQ与AMJ最佳论文奖的华人管理学家，也是文章被引用率最高的管理学家之一。（摘自百度百科）

221—230：我对校级教授怎么看

221）我原来当教授主要是讲课和发论文，搞可持续发展研究后参与政策咨询多了起来。当校级教授要在参与国内外政策咨询和国际会议讲中国故事方面有作为，重要的是做研究搞学问要高定位和开放性，有一个从专业性到跨学科、从战术性到战略性、从象牙塔到大社会的跃迁。

222）校级教授高定位之一，是要从小领域的技术性学者成为跨学科研究者，实现从学科导向到问题导向的跃迁。学科导向固守学科边界，问题导向打破边界。因为问题常常是跨边界的，要解决问题就要开展跨学科研究。当校级教授做研究，学科内的分析性的工作可以减少，跨学科的整合性的工作需要增加。

223）跨学科来自多学科但是高于多学科。多学科研究难以成功，是因为学科之间存在零和博弈和非此即彼的文化。总有人认为自己的学科高人一等，是主流是中心，把其他学科边缘化，这样容易从一开始就断送合作。不同的学科研究共同的问题，如果各用各的工具，相互间壁垒森严，即使有产出，也最多是破碎化的知识拼盘。

224）好的跨学科研究，参与者要有包容平等的态度，打破学科间的互不服气文化，要提炼出包容性的概念和方法，在有整合性的元科学层次上引领多学科研究。例如可持续发展的研究涉及经济学、社会学、环境学、治理研究等许多学科，Daly 提出稳态经济学、Clark 提出可持续性科学就是这样的元理论创新。

225）校级教授高定位之二，不是从小一些的技术细节到大一些的技术细节，而是要更多地研究战略问题。许多学者特别是院士，在专业领域确立地位之后，都有这样的发展趋势。对他们来说，继续传统意义上的研究，学术收益已经递减；要学术收益递增，就要站高一步成为战略科学家。

226）做研究搞学问，从知识到方法再到视野，是一个上升的过程。一般说来，青年教师做研究发论文要重知识上的增量贡献，中年教授要前进一步关注方法性的改进，而资深教授要有勇气和能力成为战略科学家。学者成为视野远大的战略科学家，看问题往往具有大局观、精深观、非线性观。

227）战略科学家善于将往前看和往后看整合起来，做前瞻性的展望，而真正有意义的展望不可能从传统的线性外推得到。线性外推只能沿袭过去，战略研究是要应对非线性的未来，要用情景分析方法确定所要的目标。然后用回溯法将当下与非线性的未来联系起来，确定从当下到未来的道路怎么走。

228）校级教授高定位之三，是从关注科学到关注科学的社会作用。对战略的关注可以有两个方面，有些人是科学内部发展导向，有些人可以在科学与社会之间互动。后者是巴斯德型研究的范例，一方面从科学到社会，把论文做在大地上；另一方面从社会到科学，把研究做进大学的教科书。

229）我向往的校级教授应该是巴斯德型学者，他们不是从理论到理论的书呆子，也不是缺乏专业能力的媒体公知，他们读世界书、知中国事、说自己话。做理论研究，用中国故事说自己话，为知识生产做出增量贡献；做政策研究，给政府建言献策说自己话，用普遍理论解决实际问题。

230）巴斯德型学者可以同时实现跨学科研究的高度开放和高度集成。在科学内的学术圈子，与不同领域的科学家合作研究，打破各自为政的思维习性，在整合理论与方法上有较高的开放性和集成度；在科学外的社会圈子，为解决共同问题，与不同的利益相关者进行磨合，在创造共同价值上有较高的开放性和集成度。

231—240：可持续性科学牛鼻子

231）想清楚了什么是心目中的校级教授，我自然想到需要将可持续性科学研究作为抓手。1992年联合国确立可持续发展战略以来，国内外可持续发展的政策性和实务性研究很多，有关可持续发展是什么的自身理论研究却不够。当校级教授上台阶，需要抓住可持续性科学这个战略性、方向性的牛鼻子。

232）在青椒十年和教授十年的前两个阶段，我做研究都有优选的分析工具。研究科学哲学和STS的时候，分析工具是库恩的科学范式理论；研究可持续发展领域问题的时候，分析工具是Daly的强可持续性理论。现在当校级教授，我觉得要将可持续性科学作为分析工具，建立自己的工作假说和理论框架。

233）2001年应上海译文出版社之邀，我组织翻译了一套国外绿色发展理论的译著，介绍 1992 年联合国里约峰会以来的国际动向和研究成果。这套书包括 Daly 的《超越增长》（1996）、Meadous 等人的《超越极限》（1992）、Ayres 的《转折点》（1998）、Neumayer 的《强与弱》（1999）。它们成为我后来讨论可持续性科学理论问题的出发点。

234）同济校庆 110 周年，*Nature* 出专刊，我撰文介绍了有关对象—过程—主体三位一体的可持续性科学工作模型：在对象维度，要从传统的经济、社会、环境三个支柱模型转化为环境包含社会再包含经济的三圈包含模型；在过程维度，要从末端应对转向源头预防和全过程管理；在主体维度，要从非此即彼的政府和市场机制转向合作治理。

235）在对象维度，国际上 Daly 是强可持续性理论的思想家，他的著作《超越增长》（1996）给我不少思想启发。他指出，可持续发展的理论解释有强可持续性和弱可持续性之分，真正的可持续发展是用强可持续性理论指导经济社会变革。我曾请 Daly 到中国参加我们的可持续性科学研究国际会议，遗憾的是他腿有残疾，不能够与会。

赫尔曼·戴利（Herman E. Daly），1938 年出生。生态经济学家，国际生态经济学学会（ISEE）和《生态经济学》（*Ecological Economics*）杂志的创始人之一。1988—1994 年担任世界银行环境部高级经济学家，现为马里兰大学公共事务学院教授，被誉为"可以改变人类生活的当代 100 位有远见的思想家之一"。代表作包括:《走向稳态经济》(1973)、《为了共同的福祉》(1989)、《超越增长——可持续发展的经济学》(1996)等。(摘自百度百科)

236)Daly指出,可持续发展的概念最初是针对发达国家提出来的,强调经济增长超过物理极限以后需要转入稳态发展。但是后来可持续发展被无差异地用于所有国家,这样就抑制了南方发展中国家的发展。我同意Daly的说法,有关发展中国家的可持续性转型是薄弱环节,需要另辟蹊径进行研究。

237)我提出,可持续性科学研究要区别两种模式即B模式和C模式,不同的国家要朝不同方向实现地球物理边界内的经济社会繁荣。B模式对发达国家,保持高人类发展,但是要大幅度降低物质消耗足迹和二氧化碳排放;C模式对发展中国家,跨越传统发展A模式,一开始就走低生态足迹、高人类发展的新发展道路。

238)在过程维度,弱可持续发展研究把环境治理简单看作是在传统的经济社会发展模式之外加强末端治理,并不触动既有的物质流过程。可持续性科学强调关键问题是从经济社会源头减少和预防资源环境问题发生,因此这是全寿命周期的变革。循环经济、低碳经济、共享经济就是这样一种进攻性新思考的产物。

239)在主体维度,需要引入奥斯特罗姆的理论讨论可持续发展的治理问题。诺贝尔经济学奖获得者奥斯特罗姆是治理研究的思想家。公共事务管理通常被认为只有政府和市场两种机制，奥斯特罗姆在《治理公共事务》（1990）一书中提出了第三种机制即社会治理机制，建立了公共池塘物品的管理模型，强调可持续发展需要多中心治理理论。

埃莉诺·奥斯特罗姆（Elinor Ostrom），1933年出生，2012年去世。主要研究公共池塘管理、多中心治理、可持续发展与治理等。2009年获诺贝尔经济学奖，是第一位获得此项荣誉的女性。1965年获加州大学洛杉矶分校政治学博士学位。1966年开始在印第安纳大学任教，1974年评为教授。1991年当选为美国艺术与科学院院士，2001年当选为美国国家科学院的院士，曾任美国政治学协会主席。（摘自百度百科）

240）我试图用可持续性科学，把可持续发展与合作治理两个常常割裂的问题结合起来，指出三种不同的合作治理可能性。对于公共性强的领域，要加强政府与政府之间的横向合作；对于市场性强的领域，要加强政府与企业之间的公私合作伙伴关系；对社会性强的领域，要加强政府、社会组织和公众间的合作。

241—250：要把论文写进教科书

241）在可持续性科学的研究上有自己的理论思考，以此为分析工具有自己印记地研讨问题，有这样的野心和刺激，学术站位就高了起来。回过头看当校级教授以来的 10 多年，我做研究发论文的关注点已经不再是数篇数、看杂志影响因子，而是看所提出的问题、概念或方法，是否能够写进教科书。

242）发表的论文被写进教材里成为固化的知识，是当教授做研究有成就感的所在。类似的等价物还有：提出的新概念新方法被人用来申报国家课题做深化研究，提出的概念和方法被人用来做实证性的论文，被国内外专业学会邀请就提出的概念做主旨发言，研究的东西获得国内外同行认可的权威性奖项。

243）新想法的产生总是受到各种启发，从概念本身的新意而言主要有两种类型，一种是从无到有的初创型，一种是概念再造的改进型。由我提出被学术界引用和接受的概念中，比较有创意的有中国发展 C 模式和生态福利绩效概念，基于三个循环的循环经济，以及可持续性科学的三位一体模型等。

244）中国发展 C 模式是被同行常常提到的有新意的例子。在国内，中国科学院牛文元在其主编的科学发展报告中说，诸大建提出了适合中国国情的 C 模式。在国外，我曾经与 B 模式的提出者 Brown 和甜甜圈经济学的提出者 Raworth 讨论过 C 模式，他们认为这是基于中国情景的概念和理论。

245）另外一个有影响的例子是有关生态福利绩效的概念。我们说可持续发展是地球行星边界内的经济社会繁荣，在测量指标上可操作化地表达为生态福利绩效，即人类发展指数／生态足迹，进一步可以分解为生态效率（GDP/EF）和经济服务（HDI/GDP）。两个指标的阈值，HDI要求超过0.8，生态足迹要求低于全球平均。这样可以分出四种不同的发展状态。

246）生态福利绩效概念在国内外都有影响。国内，最初主要是我和我的学生做研究发论文，现在在评审课题申请书和杂志论文中，可以发现用这个题目申报国家课题和发论文的学者在增多。国外，有人研究可持续福利指数的理论问题（sustainable wellbeing index），引用了我们的成果和概念。

247）在循环经济方面，国外有论文研究中国循环经济的发生发展，认为我起到了政策企业家的作用，通过研究和阐述循环经济新概念，使之成为了政府政策。2005年世界银行有专家做文献调研，证明1990年代的循环经济研究文献主要是来自中国。欧洲近年来强调要发展循环经济，是因为看到中国的绿色发展有超越他们的趋势。

248）我写循环经济论文的初心，不仅是要区别线性经济，也是要区别把循环经济当作回收利用的垃圾经济。我说从低到高有三种循环，即废弃物循环、产品循环、服务循环。其中最有进步意义的是基于产品服务系统的服务循环，这是共享经济能够崛起的理论基础之一。遗憾的是现在仍然有许多人把循环经济当作垃圾经济。

249）关于可持续性科学，1998年读到Daly的书《超越增长》，觉得稳态经济学对可持续发展的解读思想深刻，但名字容易引起误解；2005 年在哈佛听到 Clark 的可持续性科学，觉得这个说法好，但是理论需要深化；2012 年中国大规模推进生态文明，我觉得应该从中国故事有新意地解读我们理解的可持续性科学。

250）最近几年来我做研究发论文加强了中国生态文明研究与可持续性科学之间的对话。2015 年出版《可持续发展与治理研究——可持续性科学的理论与方法》一书，2016 年发文阐述基于对象—过程—主体的可持续性科学工作模型。2019 年海外学者有文章评论我的工作是试图在可持续发展基本理论问题上讲一些新思想。

251—260：国际会议讲中国故事

251）我曾经说，教授出国参加学术会议有三步曲。第一步是走出去，投出去的文章被接受；第二步是走进去，能够用国际通用的学术语言双向对话；第三步是走上去，被邀请在国际会议做主旨发言。2006 年以来十多年，我平均每年被邀请参加国际会议三四次，享受了做四栖教授出国讲中国故事的乐趣。

252）我前后几十次参加国际会议中，学会性的会议有国际生态经济学、国际产业生态学等千人大会，大学小圈子研讨会议有哈佛大学、东京大学、英国帝国理工学院等，宏观政策性的会议有联合国环境署、教科文组织、人居署以及世界经济论坛等。国际会议对战略性跨学科研究的需求在增长，这给搞可持续发展研究的人提供了用武之地。

253）国际会议做学术报告开始有经验，得益于 2005 年到哈佛访学半年。当时被哈佛、耶鲁、德州农工等大学邀请，在美期间一共做了 6 次英语演讲。高强度密集性报告带来两个好处：一是熟悉了英语演讲的套路，上台开口讲演有经验了；二是形成了国际会议做报告"用世界语、讲中国事、说自己话"的风格。

254）讲演做报告形成"用世界语、讲中国事、说自己话"的风格，好处是双向的。在国内，从国际前沿进展看中国研究现状，可以看到国内研究存在的问题和发展方向；在国外，用中国故事讨论国际关注的问题，可以贡献中国观点和中国思考。到国外参加学术会议，我特别享受后者。

255）做英语报告的收益常常是发英文论文没有的。对老外做报告可以看到人们对中国故事和中国信息有没有兴趣和有多大兴趣；在国际会议讲上 20 分钟，与同台老外做比较，马上发现中外看问题的不同在哪里；发论文很难得到直截了当的评价，做报告可以立马听到反馈甚至不同意见。

256）国际会议做报告刻骨铭心的一次，是 2008 年的内罗毕国际生态经济学双年会。与会者上千人，我被邀请做大会主旨发言讲中国循环经济，时间长达 45 分钟，讲完后掌声响了好长时间。然而得意不过几分钟，接着上台发言的奥地利生态经济学研究女大佬开口就对循环经济提出批评。

257）批评意见有两点，一是人类历史上资源生产率总是在提高，循环经济只是提高资源生产率没有什么新意；二是循环经济不能用于低碳问题，能源是不能循环的。出国开会，最初不适应这种现开销的学术评论。但是事后却觉得这个经历使我受益不浅，理论思考深刻了很多，后来我做评论也喜欢直截了当。

258）国际会议参加多了，对流行思想知根知底了，就能说出一些旁观者清的话来。2013 年到布鲁塞尔参加欧盟绿色周，那时候联合国正开始倡导绿色经济，UNEP"一哥"Steiner 同台发言。我评论说联合国的绿色经济只强调生态效率不强调生态效益是问题。台下 UNEP 人员忙着站起来做解释，Steiner 讲话说我的评论最深刻。

259）研究循环经济，从参加国际会议很快理解了中国和欧洲两种模式的差异，我开始做两者间的对话和翻译工作。一方面，解读中国循环经济的发展背景和政策特点，向老外阐述中国故事的不同是什么；另一方面，向国内推介欧洲 EMF 等的新研究，推进中国循环经济的深化和用可以理解的语言开展国际对话。

260）在国际场合用中国事说自己话的最大场面，是 2015 年在巴黎联合国教科文组织参加国际科学会议讨论气候变化和低碳发展。会议号称 2000 人，诺奖获得者斯蒂格利茨等做大会主旨发言。我在大会 Panel 发言中说应对气候变化是必须的，但是路径要有 B 模式和 C 模式的区别。《纽约时报》记者采访我，写报道说中国学者有与众不同的看法。

261—270：把论文做在中国大地上

261）可持续发展研究的一个内在优点，是可以把研究做在大地上，给社会给政府建言献策。研究管理需要有咨询经历，这是研读管理学大师德鲁克留下的印象。德鲁克曾经拒绝哈佛商学院去当教授的邀请，因为当时哈佛商学院院长规定教授每星期最多只能做一次咨询工作。而在德鲁克看来，管理学离开了实践就不是管理学了。

262）上个世纪末我开始担任上海市政府决策咨询专家，后来又担任国家发改委等部门的专家，体验了学者如何去做政策企业家。后来当校级教授，更加用心用理论解决实际问题，给中国发展和政府决策提供智力支撑。这方面最有感受的事例包括循环经济、低碳经济和共享经济、崇明生态岛建设、世界城市日以及全球城市二元模型等。

263）搞循环经济，先是参加国合会循环经济战略研究，我说循环经济不是末端处理垃圾而是发展源头减少垃圾，提出由发改委统筹更加有利，建议得到了采纳。后来参加科技部中长期战略研究资源环境生态组，对 2020 年的经济增长和环境压力做情景分析，我提出中国发展 C 模式和倍数 2 战略，建议写入研究报告被领导人采用。

264）研究循环经济，我认为最高境界是服务循环。2016

年摩拜共享单车问世，政府征求意见，我说共享出行具有公共物品意义，需要合作生产和合作治理。一方面共享单车方要有循环经济概念，要制造耐用自行车，运营要适度投放，不卖产品卖出行，终端要回收利用；另一方面政府要重新安排城市布局，给共享单车提供骑行空间和停车空间。

265）2000 年从上海实业东滩项目介入崇明开发战略研究，提出上海城市发展有三波，跨越苏州河是第一波，跨越黄浦江是第二波，到了长江口是第三波。当时有人说崇明发展要再造一个香港，我说崇明发展应该从跟随式发展走向领跑式发展，要通过建设世界级生态岛提升上海大都市的绿色竞争力和全球影响力。

266）在崇明发展内部会议上，我主旨发言说建设生态岛不是单纯的保护，而是要有生态约束的绿色发展。崇明生态岛建设要有三个内容，即生态自然、生态产业、生态城镇。会上有现任和后任市领导参加，认为这样解读世界级生态岛有新意。崇明生态岛的探索为后来的长三角生态绿色一体化示范区打了思想前站。

267）对上海发展建言献策是每年要做的功课，我从可持续发展视角提出的建议常常是要超越单纯的经济城市思考。例如我说上海搞全球城市，不是纽约、伦敦、东京的复制版，而是可持续发展的创新版，要搞生活质量导向的新全球城市。例如我说要从国际、区域、市域三个维度解读现代化国际大都市定位，就市域论市域，上海做不成全球城市。

268）搞可持续发展注定与世博会有交集，因为上海世博会的主题是"Better City，Better Life"，而可持续发展是以人为本位的发展观。我参与的重要活动包括，从可持续发展解读上海世博会的主题，到名古屋世博会论坛做报告讲城市可持续发展，担任世博环境顾问出主意，闭幕日在央视当嘉宾解读世界城市日的由来和意义。

269）有历史意义的主要事情有两件。一个是世博会结束，有幸到中南海讲解从世博会看世界发展新趋势新理念。我用可持续发展思想分析世博会上的案例和论坛报告，概括为创新、包容、绿色、治理四个主要的理念和趋势。这与党的十八大以来最高领导人提出的五个新发展理念有契合。

270）另一个是有关世界城市日和上海手册。参与世博会上海宣言起草方案研讨，我说1974年世博会提出了世界环境日，2010年上海世博会可以提出世界城市日。这个点子被采纳，政府花了力气往上做，最后成功了。世博会后设立世界城市日办公室，每年出版一本上海手册，我建议手册编写要把联合国全球可持续发展目标与中国城市五位一体发展理念结合起来。

271—280：大学发展第四波

271）研究可持续发展，我重视三个有意义的时间点。一是1992年联合国通过决议，可持续发展成为世界各国通用的发展战略；二是 1999 年美国自然基金会（NFC）关注可持续性科学，学术界开始研究可持续发展的基础科学问题；三是 2006 年亚利桑那州立大学倡导可持续性导向大学，推动大学发展进入第四波。

272）可持续性导向大学对实现可持续发展具有文化建设意义。研究可持续发展开始，我就发文章讨论了大学与可持续发展的关系。后来看到有文章说大学发展有四波，有了理论上的依据。大学 1.0 是教学型大学，始于牛津大学；大学 2.0 是研究型大学，始于洪堡大学；大学 3.0 是创业型大学，MIT 是代表；大学 4.0 是面向可持续发展的大学，亚利桑那州立大学是倡导者。

273）学校决策层先后两次请我在务虚会讲可持续发展与大学发展问题。第一次结合百年校庆，学校决定搞两个大的国际论坛，即可持续发展与高等教育校长论坛和创新与可持续发展论坛；第二次结合战略研讨，形成的意见是学校立足中国大地建设世界一流大学，要以可持续发展大学为特色。

274）有人问可持续性导向大学与以前几次大学版本升级有什么不同，我说以前都是增加新的功能，可持续性导向大学不是增加新的功能，而是要用可持续发展作为红线对大学功能进行整合和提升，更好地引领社会发展。大学的知识生产即研究、知识传播即教学和国际交流、知识应用即社会服务要有方向感。

275）有人问可持续性导向大学与绿色大学有什么不同，我说前者包含并且超越后者。绿色大学是大学校园的硬件建设，可持续性导向大学要深入到大学的核心领域，使得大学的教学、研究、社会服务、国际交流发生根本性的变化，从以前的服务于经济增长转向服务于经济、社会、环境的和谐发展。

276）可持续性导向大学的教学转型，是从培养知识型的单向度的人才，转向培养知识、能力、眼光三合一的人才。知识是"鱼"，能力是"渔"，眼光是懂得到哪里去"渔"。我说给本科生讲课注重知识，给硕士生讲课注重能力，给博士生讲课要重眼光。不同阶段有不同的比重和结构，可持续性导向大学对此要有通盘谋划。

277）可持续性导向大学的研究转型，是从自娱自乐的书斋式研究走向巴斯德型研究，中国大学要做三个方向的事情。一是往下从理论到实务，用可持续发展原理解决中国现代化中的问题；二是往上从实务到理论，用中国生态文明的实践深化可持续性科学的理论；三是往外进行理论对话，为可持续性科学贡献中国智慧。

278）可持续性导向大学的社会服务要从关注增长转向关注发展，这与国家提出的高速度增长转向高质量发展相一致。以环同济知识经济圈为例，多年前用创业型大学和三区联动为指导，目标是在十年内达到产值 300 亿元。现在建设可持续性导向大学不同于创业型大学，要促进区域发展的生产、生活、生态协调。

279）可持续性导向大学要把绿色校园建设提升到新的水平和高度，原来的绿色校园建设仅仅满足于把自己的校园建设绿色化，可持续性导向大学把大学校园看作绿色新技术新产品的实验室和孵化器。建设绿色校园不只是为了大学自己，而是要能为更广大的社会所复制、所使用，大学从硬件、软件、心件都成为社会的领头羊。

280）可持续性导向大学是地方化和国际化互动的 Glocal 大学。可持续发展的地方化，是中国的大学要把论文写在中国大地上，为大学所在地的可持续发展提供智力支持；可持续发展的国际化，是大学要从中国可持续发展的实践和故事生产世界性的思想和知识，把中国智慧写进世界可持续发展的教科书。

281—290：达沃斯小镇获大奖

281）每年1月的冬季达沃斯是世界瞩目的地方。2016年1月的一天，晚上10点，世界粮食署帐篷式会议厅，世界经济论坛2016年循环经济奖颁奖仪式到了个人领导奖揭晓时刻，主持人走上台，"我宣布，获得循环经济全球领导力奖的是——中国同济大学的诸大建教授。下面请诸教授上台领奖"。

282）我在掌声中快步上台，与颁奖人握手，接受奖杯，摆姿势合影，然后走到讲台前准备发言。十多年来，我参加国际会议做主旨发言已经许多次，这次做 2 分钟的获奖发言却有心跳加快之感。颁奖会上只有我一个中国人。我吸了口气，看了看台下，开口说道："非常高兴能够获得世界经济论坛的循环经济全球领导力奖……"

283）参加这次世界性的评奖，先是接到组织委员会的邀请邮件；我分析自己的情况，觉得应该可以参加，于是认真准备和递交了材料，包括视频汇报；经过一段漫长的评审过程，包括：全球专家初审、电话答辩、专家再审，同时邀请全球网上公众投票。最后电话带来好消息，告知在最后的抉择中我胜出了，并寄来了参加颁奖会议的机票。

284）国际评审委员会认为，过去十多年我对循环经济发展起了思想创新者和政策企业家的作用。在中国，我的研究超越传统的垃圾处理观点，强调了循环经济对于推进可持续发展的意义，促进国家把循环经济纳入发展政策；国际上，我参加了重要的学术研究、政策咨询和公众传播，对循环经济新概念的发展做出了贡献。

285）达沃斯世界经济论坛循环经济奖从 2015 年开始设立，只有全球领导力奖是个人奖。我是第二届领导力奖获得者，也是第一个大学教授。循环经济在世界上的发展，在政府和企业大规模推动实践之前，需要学术界的理论探索。国际上有关循环经济存在多种思想流派，我多年来一直试图对它们进行理论和方法上的整合。

286）"我回去要告诉中国同事今天的赢者是中国人"，下来后有人向我表示祝贺。我知道，获得世界经济论坛循环经济全球领导力奖，是个人作用与国家背景的函数。循环经济从学术概念到成为世界性的新经济浪潮，本世纪以来中国政府以举国体制自上而下进行推进，有重要的世界影响和引领意义。

287）学者得到声名和地位常常是一瞬间的事情，但是学者对学术研究有痴迷、有成绩却要经历时间磨砺。我的幸运，是有一种好的直觉，早早意识到了循环经济的意义，把研究做在了与社会发展趋势和政府发展战略有交集的地方。我于1998年发表国内第一篇论文《从可持续发展到循环经济》，此后一直在不断深耕。

288）就我个人而言，对循环经济的研究主要是在理论和战略层面。一是强调循环经济打破线性经济，是实现可持续发展的经济方式；二是指出循环经济不是垃圾经济，包括废物循环、产品循环、服务循环三个层次；三是指出循环经济有两种体制推进模式，中国循环经济的动力来自国家基于发展规划和示范项目的自上而下推动。

289）我能够获奖，看起来得益于我的研究在国际上有显示度并得到了引用和传播，参加了国际上重要的循环经济倡导活动。在学术界，我被邀请在美国的哈佛大学和耶鲁大学、英国的帝国理工学院、日本的东京大学等做过学术报告，在国际生态经济学大会、国际产业生态学大会做过大会主旨发言，担任了相关领域一些国际组织的职务和一些 SCI 和 SSCI

杂志的国际编委。

290）在学术界之外，我参加了国际组织最初的循环经济倡导活动。其中重要的是联合国环境署 2008 年金融危机之后推出的绿色新政和绿色经济倡导活动，2012 年英国 EMF 的循环经济国际推进行动，世界经济论坛全球议程理事会中的循环经济元理事会，以及世界资源论坛的资源生产率与循环经济国际专家委员会。这些场合大多数人是老外，只有我来自中国。

291—300：四栖教授的感悟和退想

291）大学从教 40 年，快要收盘的时候看到四栖教授愿景中的每方面都有业绩，我心有欣慰：讲课，听者有抬头率，校内外有高认可度；研究，论文有高引用率，提出的概念被流传；咨询，担任国际、国家和上海的咨询专家，有实质性的作为；参加国际会议，在哈佛、耶鲁等藤校，在纽约、巴黎、肯尼亚等联合国的会议厅做过报告。

292）其实，自从定下心来做教授，我就有了要做就要做极致的想法。成为校级教授之后进一步把四栖教授的愿景强化了。从那时起，每年年末写学术日记，我都要按照四栖教授的四个维度做回顾和展望，如果发现教学、研究、政策咨询、国际参与的业绩同比有增加，就会有获得感。

293）四栖教授，不是发发论文就够了，四栖能力需要有高标准。即研究要上得了杂志，论文有引用率；教学要上得了讲台，讲课有抬头率；咨询要讲得出高见，政府有需求率；国际会议要上台做会议报告，老外有邀请率。我所谓当教授要先站住，后站高，就是要从单向度的学者成为多向度的学者。

294）当然从青椒到四栖教授是分阶段、有时序的进程。如果读博士锻炼了写课题申请书和发论文的研究能力，那么青椒时代就要拿下讲课关，用出色的讲课和研究能力去争取当教授；当了教授之后，就要有能力把自己的研究转化为社会影响，增加做政府咨询专家建言献策的经历；成为资深教授之后，就要用实力有频率到国际会议上去讲中国故事。

295）四栖教授是多向度的人，可以在知识活动的整个价值链上发挥作用。研究，是生产新的知识，创造增量的精神财富；教学，是传播知识，给人以鱼和渔的启迪；政策咨询，是应用知识，解决经济社会发展中的问题；国际交流，是分享知识，在不同文化之间进行对话。

296）有人称我是Sustainability的四栖教授，我乐意接受。因为可持续发展是贯通我讲课、研究、做政府顾问、国际会议做报告的红线。以前研究科学哲学和科技政策的时候，上课与做研究之间常常是分裂的——上课讲很理论的问题，做研究发论文讨论技术性的东西，现在课内课外有很强的相关性。

297）当然四栖教授的基础是会做研究。博士毕业练就"三会"童子功，会将感兴趣的问题写成可以获得经费资助的课题申请书，会发中英文同行评议论文，会做漂亮的presentation，在此基础上到大学当老师持续提高，就可以成为教学、科研、政府咨询、国际会议做报告的四栖教授。

298）做博士要三会，当教授要四栖，对象、方式、要求有不同，道理却是相通的。知识工作者的基础是处理三个基本问题，即回答是什么的 what 问题、为什么的 why 问题、怎么做的 how 问题。四栖教授的窍门是对它们排列组合用于不同场合不同需要。各种行业都类似，当教授一招鲜吃遍天，从某种角度来说也是有道理的。

299）做四栖教授，也与大学教授做智库学者有契合。衡量智库学者有四个力，政策影响力看政策报告被使用、担任政策顾问、给政府讲课；学术影响力看发表中外论文和引用；国际影响力看国际会议报告和国际组织兼职；媒体和社会影响力看媒体文章、被采访以及博客微博微信自媒体的影响力。

300）人生如立方体，不仅要有长度，还要有宽度，有厚度。我想，四栖教授的模式习以为常了，到了退休时的后教授时代，可以自然而然转化成为四个维度的乐退族：从写论文到写自媒体文章，从学术演讲到社会演讲，从给政府当专家到做广义的社会咨询，从出国参加学术会议到自费出国做有主题的游学旅行。

4

思想者：301—400

把思想留下来、成为有思想影响的学者是教授生涯应该追求的高目标。思想者教授，一是有自己的概念在专业内被接受被认可，二是思想在更广泛的社会上有影响力。

301—310：向思想者做努力

301）上海的《解放日报》有一个演讲版，一周一次，用一页大约三分之二的版面刊登学者的演讲，专栏名叫"思想者"。我喜欢这个专栏，十几年来每年不落地在上面发一篇演讲文章。我的想法是，当教授发论文 H 指数超过 40 基本上够了，随着年龄增加资历变深，可做可不做的事情要减少，思想性的事情要增多。

302）1980 年代研究系统科学的时候，喜欢钱学森的四层次分类，最底下的是各类系统工程，处理组织管理的实际问题；然后是系统技术，研究通用的技术方法；再后来是系统学，是关于系统的一般理论；最高层是系统论，是关于系统的哲学思考。四分类对所有学科都适用，其中关注高层次问题的是战略科学家和思想者。

303）对于当教授要努力成为思想者，我的想法有三：想法之一，把思想留下来，成为有思想影响力的学者，是教授生涯应该追求的高目标。在我看来，思想者教授至少要有两个重要的素质。一是看问题的眼光与众不同，有自己的概念并对学科发展产生影响；二是提出的概念和思想在学术之外的社会也有影响力。

304）从教授到思想者，不是数量上的扩张。如果当教授要有高被引的研究论文，当资深教授要成为战略科学家，那么思想者教授就要有独特的思想和概念被学术界和社会所接受。例如，谈到德鲁克就会想到他的知识工作者、公私合作等概念；谈到 Daly 就会想到他的稳态经济、经济增长的生态吃水线等概念。

305）一般的研究型教授，成功的标准是有影响的论文被引用。但是思想型教授，身后留下的东西除了术还要有道；不仅要生产具体的知识，而且要生产看问题的方法和眼光；不仅要留下高被引的论文，而且要有追随者乐意传播相关的思想方法。有人告诉我，我的博士生经常说，我们看问题的方法思路眼光是从自己的老师那里学到的。

306）想法之二，思想者教授是在可行区间追求尽可能有的学术自由。年轻老师当上教授，我祝贺他们时说，现在可以干点自己喜欢做的事情了。当教授成了资深，考核指标不再成为主要问题，就可以做一些自己从心底里感兴趣的事情。这些事情对考核没有用，但是对学术、对社会有用处。

307）用马斯洛心理学解读教授生涯的几个自由，我说生理需求是身心自由和时间自由，安全需要是财务自由，社交需要和尊重需要是关系自由，自我实现就是思想自由。思想者教授可以写一些自己喜欢的学术文章和媒体文章，做一些自己喜欢的演讲和咨询。这些东西属于要我做、我想做、我能做这三个圈子有交集的事情。

308）领导者要统一意志，思想者要标新立异。人云亦云我不云、众所周知我不说，是思想者的普遍特点。思想者有自己的一套分析框架和分析工具，在别人习以为常的地方发现问题，看到问题的特殊价值，提出独辟蹊径的解决方案。思想者常常给人醍醐灌顶的感觉，可以打开思路发现新天地。

309）想法之三，思想者也许更是后教授生涯的诗与远方。在我研究的领域，德鲁克和 Daly 等是思想者的标杆，对他们来说写作和思想既然是生活方式，也自然是一种老趣。一些教授退下来就没有声音了，思想者的想法也许是教授职业可以退休，写作和思想却不会退休，未来可以有更多的思想性作为。

彼得·德鲁克（Peter F. Drucker），1909 年出生，2005 年去世。现代管理学之父，现在的许多管理学概念如目标管理等都源于德鲁克。先后在奥地利和德国受教育，1929 年后在伦敦任新闻记者和国际银行的经济学家。1931 年获法兰克福大学法学博士。1937 年移民美国，曾在贝宁顿学院任哲学教授和政治学教授，并在纽约大学研究生院担任管理学教授。1971 年后任教于克莱蒙特大学管理研究生院。2002 年获美国当年的"总统自由勋章"。（摘自百度百科）

310）我想，思想者的后教授生活可以做的事情会很多。例如当教授的时候研究专业性的问题，后教授生活辨更社会化的问题；例如当教授时要多发论文，后教授时代可以多写书，同时有文字见诸报端和自媒体；例如对自己提出的概念做进一步挖掘，有精细化的展开和深化。

311—320：与最聪明的脑子对话

311）当教授要有思想特别是要有新颖出奇的思想是一回事，这样的思想从何而来、如何引发是另一回事。读学术杂志上的最新论文当然是来源，但是当你研究一个东西成为老司机、研究做到很前沿的时候，读杂志论文常常会有一种读书读完了的感觉，因为许多论文的方法和数据是新的，问题和思想却是在意料之中的。

312）搞可持续发展20多年，我年年订阅和研读研究领域五六种中英文杂志。现在每期要发现几篇思想有趣的论文变得越来越难，发现一些同行评议杂志论文变得无趣起来：技术性越来越强，思想性却没有同步增强；研究方法只有演绎和归纳，没有类比和隐喻；学术论文限制在只交代结果不涉及过程。

313）做研究开始时要读论文，但是资深以后要有思想需要另外的途径。对我来说触发思想的东西有两个，一是与研究领域里最聪明的脑子对话；二是直接从田野实践进行思考。与研究领域里最聪明最前沿的脑子对话有两种方式，一种是读他们的经典著作，另一种是逮着机会就与他们直接进行交流。

314）理工科常常读论文不读经典，文科常常读经典不读论文。我搞可持续发展研究既喜欢读论文又喜欢读经典，这样可以知道思想的源流和脉络。我初入行的时候规定自己做研究要看100篇论文，后来带博士生要求学生读100篇论文。现在向思想型教授努力，觉得读大师的经典最容易激发思想创新。

315）搞可持续发展，我常常像看新书一样翻读我翻译的Daly的《超越增长》（1996），觉得他对可持续发展的思考最深刻，没有之一。他在书中提到的许多隐喻对于理解可持续发展极有思想启发性。例如，他说增长主义是牛仔经济学，环境主义是太空人经济学，可持续发展是要管理撞进瓷器店里的公牛。

316）Daly 把生态经济绩效解读为生产效率和服务效率的乘积，生产效率是物质投入的产品产出，服务效率是产品投入的服务满足。受到 Daly 思想的启发，我用人均生态足迹、人均 GDP、人类发展指数三个可测量指标建立了生态福利绩效概念。我说发展总是有两个阶段，第一个阶段是摸麻将提高生产效率，第二个阶段是换麻将提高服务效率。

317）研究合作治理，我喜欢看诺奖获得者奥斯特罗姆的《治理公共事务》(1990)。公共事务管理通常被认为只有政府和市场两种机制，结论常常是悲观的，不是政府失灵就是市场失灵。奥斯特罗姆在书中提出了第三种机制即社会治理机制，建立了多中心治理理论。后来我经常用此来研究可持续发展中的合作治理问题。

318）我的一些想法有一些喜闻乐见的图像化表达，很多情况来自读研究领域最经典的书，与研究领域最前沿的脑子直接对话。中国发展 C 模式用多种形象化的形式表达是其中的例子。C 模式概念最初的图像化表达，是从日本一个作者的书中得到的启发，觉得可以用福利绩效—生态足迹倒 U 形曲线进行表达。

319）C 模式第二种图像化表达，是 2006 年到瑞士洛桑开会，从 WWF 的年度报告看到他们用人类发展—生态足迹做成的二维图，想到可以改造用来表示中国 C 模式与欧美 B 模式、传统 A 模式的不同。后来进一步发展用来表示中国城市可持续发展的几种类型，研究成果被联合国发展署认为有新意，请我主持撰写了中国城市可持续发展评估报告。

320）C 模式最新的图像化表达，是用 Raworth 的甜甜圈经济学。2012 年我参加联合国里约 +20 会议，第一次看到 Raworth 的文章和图，回来后就用甜甜圈经济学解读 C 模式。2015 年到伦敦参加 EMF 会议，我遇到 Raworth 本人。她递给我的名片上有甜甜圈经济学的图，我在图上解读了 C 模式，虽是初次见面却谈得很投机。

321—330：从田野观察中出思想

321）研究共享单车的博士研究生写出了博士论文初稿来找我，我问有什么困惑和担忧。她说，别人是从文献脉络找问题，沿着已有的研究路径做论文；自己是从现实生活出发找问题，用杂交的理论和方法去求解。前者新意弱，但是做起来比较保险；后者新意强，但是有不被认可的风险。我说，我们的人做论文就是要这样。

322）哈佛生物学家 Wilson 在《给年轻科学家的信》（2013）一书中说，思想产生有两种来源，一种是来自文献研究和已有理论，另一种是来自田野观察和实践过程。这个区分有普适性，我进一步的说法是，文献研究获得的思想是改进型的，是从 1 到 100；田野观察获得的思想可以是原创型的，是从 0 到 1。

323）许多人认为从文献多的地方做研究是保险箱，对查不到多少文献的研究有畏惧感，即使做出来了也害怕被认为非主流。我的学术偏好是不赶热点和时髦，要把冷点做成热点，对文献搜索有 50 篇以上的话题有意避而远之。研究共享单车和指导博士生写这方面的论文，是从田野观察出思想的一个事例。

324）2016 年共享单车在国内问世，然后走出中国走向世界。人们的看法有争议，人民日报召开内部研讨会，要向高层提供建议。我被邀请作为主要发言者，就共享单车是什么、为什么、怎么做等问题，谈了自己的看法。参加者中有北大教授周其仁，他做学问重视实地调查，支持共享单车发展。他跟主办方说，向领导写汇报，你们应该多写诸教授的意见。

周其仁，1950 年出生。北京大学经济学教授，曾任北京大学国家发展研究院院长。1978—1982 年就读于中国人民大学。1982 年毕业后先后在中国社会科学院、中共中央农村政策研究室和国务院农村发展研究中心工作。1989—1991 年在英国牛津大学、美国科罗拉多大学、美国芝加哥大学访问。1991 年在加州大学洛杉矶分校学习，1995 年获经济学博士学位。1996 年回国在北大国家发展研究院任教。2010—2012 年任央行货币政策委员会委员。（摘自百度百科）

325）对"是什么"的问题，有人说 Uber 等共享经济是利用闲置资源，共享单车不是共享经济是因为投放的是增量资源。我说共享经济有两种表现，一种是C2C轻资产的平台中介型，Uber和Airbnb属于这类；另一种是B2C重资产的产品服务型，摩拜等共享单车属于这种类型。研究共享经济不能用前一种类否定后一种类。

326）我说共享经济的本质不是盘活闲置资源，而是通过产权问题最大程度地提高资源生产率。共享经济的对应面是拥有经济，是对现有生产方式和消费方式的破坏式创新。对生产者来说，是不卖产品卖服务，制造业转型为产品服务系统；对消费者来说，是不求拥有但求使用，降低拥有成本提高使用效能。

327）对"为什么"问题，有人说中国搞B2C的共享经济不伦不类，要搞就要搞美国式的C2C的共享经济，我的看法恰恰相反。如果欧美国家利用C2C的模式盘活闲置资源是合理的，那么中国用B2C的模式改变增量资源，不仅基于国情实际有合理性，而且在发展模式上有跨越性，从拥有经济到共享经济可以两步并成一步走。

328）尽管都是手机移动和app技术使得共享经济成为可能，但是中美发展共享经济具有不同的经济社会背景和缘起。美国共享经济受迫于2008年的金融危机，中产阶级要用C2C方式盘活闲置资源保证经济收入；中国搞共享经济不是因为金融危机，而是用B2C方式减少拥有性的增量资源，提高生活便利性和绿色发展水平。

329）对"怎么做"的问题，有人说共享单车没有盈利点，说共享单车在财务上已经被证伪。我们的研究指出，共享单车的经济收益是生产效率和服务效率的乘积，在投入一定量之后服务效率越高，盈利可能性越大。2016—2018 年共享单车的失败，在于用拥有经济思路拼投放数量，而不是提高周转率。

330）我说，共享单车不是政府提供的公共自行车，市场企业为市民提供有公益性的骑行服务，要公私合作才能成功。多年来我们的城市发展思路以小汽车化为导向，对共享单车的发生发展根本没有思想准备。政府需要追随社会创新进行政策创新，在城市出行体系中为共享单车提供制度保障，规划和安排足够的公共空间。

331—340：换一种套路读论文

331）研究者当然要读同行评议杂志上的论文，但是从一般研究者到思想型研究者，读论文的套路有区别。一是思想者不认为同类文献有很多是好事情，反而相信少而精的论文就足够；二是读论文要先有自己的初始想法，而不是照相式纯中性地读文献；三是读论文要跨学科多样化，而不是狭隘地只看研究领域的文章。

332）搞研究刚出道，以为读论文读得越多越好，写一篇论文没有看过 50 篇参考文献不出手。其实看论文多，主要是熟悉写作规范，用来搞研究综述，对思想新颖出奇没有多少帮助。论文看得越多，越容易陷入研究领域的思维惯性和思维套路，导致在小数点后很多位做一些枝节末叶的研究。

333）做研究对文献综述常常有神话感。一是以为做文献综述就是要看得多，读论文越多越是学术老司机。其实现在做文献综述用 CiteSpace 软件很方便，而且比人工做好得多；二是以为先有文献阅读然后才可以有自己的思想，其实这样做对搞清楚历史脉络有用，对创新无用，读得越多越没有自己的思想。

334）写有自己思想的论文，我现在不再是先看人家的论文后有自己的思想，而是先有自己的思想再去看人家的论文；不再无目标去看大量研究领域的论文，而是只关注有没有论文与自己的想法相关。这样的论文不超过 10 篇就会如获至宝，就可以证明研究问题有价值，就可以进一步做创新性的工作。

335）以前研究科学哲学和科学方法论，就注意到科学发现有两种方法论主张，即归纳主义的观察排除理论主张和假说主义的观察渗透理论主张。当时虽然有感悟，但是体会不深。现在知道研究资历浅的时候不会把假说主义方法用到自己的研究中去，只有经历丰富了才知道后者是思想型研究者的看家本领。

336）初出茅庐读论文，往往接受归纳主义的观察排除理论主张。要求自己不带任何先天的理论框框，白纸式、照相式地读论文，试图从中发现可以研究的问题，以为读得越多对自己的思想启发会越大，做研究的创造性也越大。其实真正的收益是相反的，归纳主义的读论文一开始就抑制了思想发散。

337）依照假说主义的观察渗透理论主张，不是先读论文后有思想，而是先有假说后读论文。假说主义读论文：首先要排除现有理论的影响，脑子里要允许有大胆离奇的新想法；然后寻找论文看看能否提供支持……这个过程反复迭代，想法不断完善，读论文趋于少而精。这是胡适的所谓大胆假说、小心求证。

338）跨学科读论文的理论基础是，在科学发现法中，类比是最有概念创造性的。运用类比产生思想的程式是：B具有性质b，A类似于B，因此A也可能有性质b。搞可持续发展研究，可以发现许多概念来自其他领域的类别和暗喻。例如生态承载力类似于船的吃水线，生态消耗不能超过吃水线等等。

339）跨学科读论文对可持续发展研究思想演进有非线性启发的最新事例，是Raworth提出的甜甜圈经济学概念。她2011年写成论文，2017年写成专著。这个概念被认为是可持续发展经济学的最新框架和最前沿的理论解读。Raworth说，其灵感来自研读地球行星边界和地球系统科学的论文。

340）与可持续发展学家经常从生态学、地学、社会学等领域获得经济学新灵感不同，传统的新古典经济学研究者，现在研究发展问题却越来越有惰性，很少去看经济学以外的研究论文，很少同经济学以外的学者交流沟通。因此有人认为，主流经济学的思想已经枯萎了，需要有一次推陈出新的经济学革命。

341—350：X 型思维的两个扇面

341）工者善其器，打不同的鱼要有不同的渔具。以前搞科学哲学和科学方法论研究，做研究是波尔型的从理论到理论。过去 20 多年搞可持续发展研究，从波尔型研究转向巴斯德型研究，开始在理论与实务之间两栖作战。现在要当可持续发展的思想者教授，我觉得需要把巴斯德型研究升级成为 X 型思维。

342）做研究有三种模式。一种是纯理论的波尔型研究，从现有理论发展出新的理论。另一种是纯实务的爱迪生型研究，从现有技术或政策发展出新的技术和政策。第三种是巴斯德型研究，在理论与实务之间双向互动，一边从现有理论导出有新意的技术和政策，另一边从现有技术和政策发现有新意的理论。

343）2020 年发生的新冠疫情，凸显了巴斯德型研究的价值。从理论到理论，是古典学术的特征，少数人玩玩可以，不应该成为当代学术的主流；从实务到实务，停留在表象没有机制性的解释，做研究不解渴。巴斯德型学者，一手用理论武器解决实际问题；一手从实际问题提炼新的知识。

344）我的 X 型思维，用三句话 12 个字表达，即读世界书，知中国事，说自己话。如果读世界书是有普遍性的理论和国际学术话语，知中国事是有特殊性的中国政策和实践，那么 X 思维要能在两者之间插入"说自己话"这个中间变量（X）。一方面，实现本土理论的国际化，另一方面实现国际理论的本土化。

345）X 型思维对于中国学者的意义，在于做研究要兼顾国内与国外两个扇面。在研究的信息输入端，读世界书，是了解国际研究前沿和学术话语体系；知中国事，是了解中国实践前沿和政策话语。在研究的信息输出端，在国内，要能够反映国际前沿的进展；在国外，要能够讲出中国故事，贡献中国智慧。

346）我用 X 思维研究中国生态文明和可持续发展尝到不少甜头，围绕发展政策—应用基础研究—基础研究，形成了以 X 为杠杆的两个扇面四个方向的学术战略。在国内扇面，既从绿色发展的政策与实践提炼理论 X_1，又从理论到实务提出新的政策建议 X_2；在国外扇面，既从国际前沿成果解读生态文明理论 X_3，又用生态文明理论深化发展可持续性科学 X_4。

347）国内扇面 X_1，是从政策与实践提炼理论，这是传统的实证研究路线。放在 X 思维中的意义，是把本土的理论发现与国际上的一般理论做比较。一方面看证明了什么东西有普遍意义，另一方面看有没有增量的理论贡献。例如在中国低碳经济研究中，发现仅仅提高碳生产率无法实现碳排放的峰值。

348）国内扇面 X_2，是从本土理论到政策创新，这是从理论研究推出政策意义，是传统巴斯德型的实务面。放在 X 思维中的差别，在于把推出的政策创新与国际经验做比较，看其只有因地制宜的特殊性意义，还是可以作为最佳实践具有国际意义。例如中国城市可持续发展研究中，发现大中小城市抱团的都市圈和城市群具有更多的可持续性。

349）国际扇面 X_3，是从国际流行的理论到本土化的二次创新。例如从可持续性科学的前沿研究成果解读生态文明，强调生态文明是生态与文明的结合而不是其中之一，强调生态文明要实现经济社会发展与资源环境消耗的脱钩。放在 X 思维中进行强调，是为了区别于套用国际流行理论用来指导本土发展。

350）国际扇面 X_4，是从本土理论对国际流行的概念做贡献。例如从生态文明的理论研究，讨论国际研究中长期争论的地球生物物理极限、绿色发展效率、B 模式和 C 模式等概念，可以为深化可持续性科学提供中国智慧。放在 X 思维中进行强调，是为了避免本土理论没有国际化提升，将学术研究弄成关起门来自娱自乐的事情。

351—360：从理论搬运工到二次创新

351）有 X 型思维，做研究出思想有两条路可以走：一条是从理论到实务，以前是理论搬运工，照搬国外理论用于中国，现在是二次创新者，把国际理论本土化、操作化；另一条是从实务到理论，以前是资料输出者，用中国数据证明国外理论，现在是思想加工者，为国际知识体系提供中国元素。

352）从理论搬运工到二次创新者可以有两个方面，每一个方面都可以有自己的思想，一个是理论研究出思想，另一个是政策研究出思想。后者如针对中国资源环境消耗集中在能源、建筑、产业、交通四大领域，提出绿色发展政策重点是四个脱钩，即能源消耗与二氧化碳脱钩；城市建设与用地扩张脱钩；生产消费与垃圾增长脱钩；交通出行与小汽车化脱钩。

353）当教授输入输出多，我特别注意对国外理论进行加工创新：一是深化解读，例如对可持续发展的理解有四种组合，我强调生态文明不能有生态无文明，或者有文明无生态；二是多元集成，例如把产业生态学和德国的废弃物闭环管理等整合成为循环经济；三是区别模式，例如从 Brown 的 B 模式提出中国绿色发展 C 模式。

354）深化解读的例子是把可持续发展解读为发展半球和环境半球的两个半球理论。1995 年我发表第一篇可持续发展论文，回头看理论上并没有太多自己的见解和感悟。现在常常想不起来当时写了点什么，这是典型的概念搬运工。只是到了后来用自己的两个发展半球概念解读可持续发展，才有了思想增量。

355）1980 年代初研究科技革命与社会发展的时候，我有过基于两个半球的技术—社会形态想法，即社会体制是制度半球，科技发展是技术半球。发达国家是先进的科技与滞后的制度的错位，中国是滞后的科技与超前的制度的错位。因此国家改革有两种不同的方向，发达国家是体制和制度要提上去，中国是科技和经济建设要提上去。

356）后来我想到可以改造两个发展半球的思想用于理解可持续发展，上半球是经济社会发展，用人类发展指数来衡量；下半球是资源环境消耗，用生态足迹指数来衡量。可持续发展是用不超过生态阈值的资源环境消耗实现尽可能高的人类发展。发达国家的不可持续性是高人类发展对应高生态足迹，发展中国家的不可持续性是低人类发展对应低生态足迹。

357）多元集成的例子是有关循环经济不等于垃圾经济的研究。现在有人说中国循环经济是简单引入德国概念，其实实际情况不是这样。1998 年我随上海代表团访问德国回来写了国内第一篇循环经济的论文，论文是基于产业生态学和生态效率概念的加工和整合。德国 1996 年的废弃物处理法和垃圾闭环处理只是循环经济的一个事例。

358）我研究循环经济不是对单纯的 recycle 或垃圾经济感兴趣，而是强调对可持续发展有整体性意义包括多种循环的绿色新经济。论文写英文摘要和关键词，我用 Circular Economy表达循环经济，与 Stahel 讨论曾经解读为 multi-cycle economy,

后来知道 Pearce 在 1990 年的书中用过同样的词。

359）后来参加国合会循环经济战略研究，我们提出循环经济发展最好从环保部门提升到发改部门，纳入国家五年发展规划进行推进。因此中国的循环经济概念和中国的循环经济体制是一致的，有两个方面与西方不一样。一是中国的循环经济是绿色经济，高于垃圾经济；一是中国循环经济在体制安排上是发改部门的源头推进，而不是环保部门的末端治理。

360）区别模式的例子是中国发展 C 模式的概念。用可持续发展研究中国，早就有了跨越式发展和穿越隧道发展的思想。2002 年，我在北京参加国家中长期科技战略循环经济与资源环境研究，在西单书店买到 Brown 的新书《B 模式》中译本，茅塞顿开想到需要提出 C 模式与 B 模式对话。

361—370：从数据输出到思想输出

361）1994—1995 年，我在墨尔本大学访学一年，用中国大地构造学派的故事写了一篇英文论文。合作导师说，以后出来带些中国数据和资料到这里写文章就行。那时有一种中国学者发论文是数据输出者、用中国数据验证国外理论的感觉。但是我一开始就不是这样的人，那篇论文是有我自己的理论假设的。

362）从发第一篇英文论文到现在，我发论文逐渐形成一个区别：如果读者主要是国人，应该发中文论文；如果读者主要是外国人，应该写英文论文。写英文论文，我把自己定位为思想输出者，而不是单纯的数据输出者。回头看自己和自己的博士生发表的 SSCI/SCI 论文，最令我高兴的不是用中国数据证明国外理论，而是构建和营销自己提出的理论。

363）从数据输出者到思想输出者，有几种方式：一是从中国故事提炼出普遍性的东西，例如大幅度提高资源生产率的 C 模式适用于其他发展中国家；二是进行分类学研究，例如按照人类发展和生态足迹区分可持续发展的四种情况；三是对理论的体系化组织，例如把治理研究与可持续发展研究结合，提出对象—主体—过程工作假说。

364）理论提炼的例子是发展中国家绿色转型的 C 模式，相对于发达国家超过生态红线之后减少物质足迹扩展的 B 模式，C 模式是要在生态红线之内提高经济社会发展的福利，而不是走先跨越后折回的道路。如果发展曲线是抛物线，当中有一个生态阈值区域，发达国家的转型是右手战略，发展中国家的转型是左手战略。

365）2008 年在内罗毕联合国总部参加国际生态经济学双年会，我做大会主旨发言谈循环经济在中国，结尾时我说国际上的生态经济学过去 20 年的发展主要是针对发达国家的问题，现在需要研究发展中国家的生态经济学。后来碰到 Raworth，我画出 C 模式与 B 模式的差异，她觉得我对甜甜圈经济学的解读有新意。

366）类型研究的例子是基于两个发展半球的二维矩阵四

个象限方法。这是对 B 模式和 C 模式进一步的理论挖掘。搞管理学喜欢二维矩阵，用人类发展为横轴，生态消耗为纵轴，引入两个发展变量的阈值，可以形成二维矩阵四种类型，即低人类发展—低生态消耗、低人类发展—高生态消耗、高人类发展—高生态消耗、高人类发展—低生态消耗。

367）接受联合国开发署的研究项目，他们喜欢我用二维矩阵说明 A 模式、B 模式和 C 模式之间的差异。A 模式从低人类发展—低生态足迹走向高人类发展—高生态足迹，这是发达国家的老路。B 模式从高人类发展—高生态足迹回到高人类发展—低生态足迹，这是发达国家现在要走的路子。发展中国家 C 模式是从低人类发展—低生态足迹直接进入高人类发展—低生态足迹。

368）体系整合的例子是以对象—主体—过程作为分析工具解读可持续性科学。许多研究把治理研究和可持续发展研究分割开来，我说两者结合才是联合国全球可持续发展目标即 SDGs 的精髓，每个发展问题的解决都离不开广义的公私合作伙伴关系，因此需要用对象—主体—过程三个维度建立有整合性的可持续性治理分析方法。

369）政策分析的理论，传统上强调过程分析，难以适应SDGs 的需求。用可持续性科学新模式做政策研究需要三维分析，对象分析是研究经济、社会、环境三个领域的关系，主体分析是研究所在领域的利益相关者及其相互关系，过程分析是从全过程的角度对研究领域进行结果与原因相结合的分析。

370）在宏观政策和管理中，经常出现事后治理有余、事前防范不足的情况，用三个维度的可持续性科学分析模型，可以探索如何从事后治理走向事前治理以及全周期管理。我做研究提出循环经济、中国发展C模式、因果导向城市管理、中国五星红旗式治理等概念，其实都是从可持续性三维分析得出的强调源头治理的产物。

371—380：公共知识分子是什么

371）思想者常常作为公共知识分子对社会问题发表看法。公共知识分子本来是褒义词，但在国内被贬称为公知，是被一些没有专业能力的人搞坏了。国际上只有那些有社会责任感的专家才被称为公共知识分子。写过《寂静的春天》（1962）的海洋生物学家卡逊和写过《丰裕社会》（1958）一书的哈佛经济学教授加尔布雷思属于这样的例子。

蕾切尔·卡逊（Rachel Carson），1907年出生，1964年去世，美国海洋生物学家。1929年毕业于宾夕法尼亚女子学院，1932年在霍普金斯大学获动物学硕士学位。毕业后先后在霍普金斯大学和马里兰大学任教，并在马萨诸塞州的伍德豪海洋生物实验室攻读博士学位。1932年父亲去世，开始工作赡养老母亲，没有继续攻读博士学位。1952年辞职专心从事写作。1962年出版《寂静的春天》一书，引发了美国以至于全

世界的环境保护事业。（摘自百度百科）

约翰·加尔布雷思（John Kenneth Galbraith），1908 年出生，2006 年去世，美国经济学家和新制度学派领军人物。1931年毕业于加拿大安大略省农学院，获学士学位。1933 年获加利福尼亚农业经济硕士学位，次年获博士学位。1934 年任哈佛大学讲师，1949 年任哈佛大学经济学教授。1961—1963 年任美国驻印度大使。1972 年当选美国经济学会会长。以《美国资本主义：抗衡力量的概念》（1952）、《丰裕社会》（1958）等畅销书成为最有影响力的公共思想家之一。（摘自百度百科）

372）教授角色可以随着学术资历和经验积累进行提升。20—40 岁要专心致志做好专业知识分子，建立自己的学术根据地；40 岁以后做研究有影响有余力了，可以是巴斯德型研究者给政府建言献策；到了资深阶段，有标新立异思想、有舆论能力的学者，可以成为有社会影响的公共知识分子。

373）我参与公共事务是在当了副教授以后，经历可以分为两段。第一段是搞科学技术和社会研究即 STS，对科学技术的历史、哲学和社会学有了感悟，开始在《科学画报》等报纸杂志搞专栏写科学评论文章；第二段是搞可持续发展研究，成为巴斯德型研究者，开始在专业知识分子、政策研究者、公共知识分子等角色间切换。

374）其实当一个有影响力的公共知识分子是有门槛的。

许多专业知识分子对公共知识分子或者不屑一顾，或者心有余力不足，主要有两个挑战。一是如何把技术性的东西与高大上的宏观叙事关联起来；二是如何用政府和老百姓听得懂的语言表达技术性的东西。这给看问题有大局观有表达力的研究者提供了机会。

375）理工科教授一般是刺猬型人才，研究专一但是知识面不广，属于传统专业主义的专家；文科教授多的是狐狸型人才，兴趣广泛但是许多东西浅尝辄止。我搞可持续发展做公共知识分子，用专业主义的精神谈社会问题，追求的是能够成为 T 字形教授，刺猬型为体，狐狸型为用。

376）我坚持在原本意义上用公共知识分子概念，而不是国内有贬义的公知一词，就是强调公共知识分子是有技术含量的，首先要有学术专长，然后要尽社会责任。一些媒体学者被社会称为"砖家"，就是他们到处走场子，什么东西时髦就说什么，今天这么说明天那么说，所言所语其实与科学无关。

377）参加各种社会活动，不管是公共演讲、政府咨询还是媒体文章或者电视采访，我最为坚持的是，只讲自己有研究的话题，对不了解无研究的东西不发表言论。可持续发展是看世界的武器和方法，需要对一些新领域如共享单车等有看法，我要做过研究有自己思考了才参与讨论。

378）大学文科老师中，有少数人拿不到国家课题，发不了同行评议论文，最后走向写媒体文章。但是教授型公共知识分子有硬核有内涵，从内到外是三层结构。核心层是学术研究，中间层是巴斯德型政策咨询，外部层是公共知识分子。他们既能够写学术论文，又能够写有吸引力的公众文章。

379）原来意义的公共知识分子，与贬义的公知另外一个重要的不同，是正能量与负能量的差异。后者常常以愤青和抱怨的方式侵入社会，只管吐槽不管解决问题，心态是消极的；而真正的公共知识分子是正能量导向的，他们关注社会问题，目的是积极提出设想，促进社会进步。

380）教授做公共知识分子带给人生三个快乐。一是给自己带来快乐感，享受与众不同思考的乐趣；二是给大学带来快乐感，没有一个大学不希望自己的研究型教授在社会上也有号召力和吸引力；三是给更广泛的社会带来快乐感，大学教授可以从思想文化角度发挥作用，使社会积极向上。

381—390：三圈理论与公共知识分子

381）有的人从专家到公共知识分子能成功，有的人只是专业知识分子，有的人发表公共意见被认为是砖家，可以用经典的三圈理论即需求圈之要我做、激情圈之我想做、能力圈之我能做进行分析。假定社会需要都一样，那么公共知识分子、专家和砖家的区别，关键是我想做和我能做的重合问题。

382）2020 年的新冠疫情证明，公众理解科学是防范公共卫生重大灾害的第一道防线，对此一批有社会责任的公共知识分子起了很大作用。上海的感染科医生张文宏博士及其公众号"华山感染"成为网红，可以用三圈理论进行解释：价值圈要我做，是社会有需求；动力圈我要做，是学者有激情；能力圈我能做，是学者讲话有吸引力，让社会听得懂。

383）真正的科学大佬常常是懂科普、爱科普、善科普的公共知识分子。远者如钱学森，我记得他说过科学家做完研究至少要写两篇文章，一篇面向同行的学术论文，一篇面向大众的科普文章。近者如汪品先，搞南海深海钻探研究8年有国际级发现，用章回体形式在《文汇报》发了整版的科普解读文章。

384）学者走出象牙塔要有三个面向，即向同行展示发现，向政府陈述建议，向大众解读奥秘。我曾经写文章说，对于中国这样的赶超型国家，有诺贝尔级别的科学发展当然重要，但是公众掌握现有的科学知识同样重要。因此我从心里觉得花时间向公众解读学术，既有价值，也有动力。

385）许多学者是专业知识分子而不是公共知识分子，不是因为对学术研究的社会意义缺少认识，而是长期以来象牙塔传统、书斋式教育的结果。一方面，传统大学致力于培养书斋型的学者，他们被认为应该两耳不闻窗外事，一心只读圣贤书。用一技之长参与社会公共事务，被认为是不务正业。

386）另一方面，学术评价系统只衡量专业圈子里流行的研究成果，面向社会的知识传播和科学普及从来不被认为是业绩，升等升职不考虑这方面的付出和贡献。考核指挥棒迫使学者固守象牙塔而不是走出象牙塔。有这方面热情和激情的学者只有功成名就了，才有可能不管考核不考核，去做知识传播的事情。

387）有专家关心公共事务，有激情去做知识传播，他们没有成功，可能是不善把晦涩难懂的专业知识转换成为社会喜闻乐见的信息。这种情况也经常出现在一些院士身上。社会想当然以为院士是全能的，他们的专业能力高强无比，讲科普也应该入耳入脑，但是事实常常证明这样看是乐观了。

388）光谱中的另外一极，是有人专业能力不足却在各种场合频繁露脸。一些人有某个方面的专业能力，但是有了名气后，或者被人诱惑或者主动营销，到不擅长的领域发表社会性的意见，很容易从此专家成为彼砖家。这样的人也包括国内外的一些学术大佬。看到他们讲他们不懂的东西，我常常从心底里为他们感到担心。

389）一个正能量的事例是麻省理工的语言学教授乔姆斯基，他的研究擅长是语言学，但是社会上知道他的大名是因为他常常在媒体上发表政见。我在澳洲访学时第一次看到他抨击世界政治和局势的文章，当时以为搞错人了。后来知道乔姆斯基跨界当公共知识分子，是像搞学术研究一样有充分的准备和积累的。

诺姆·乔姆斯基（Noam Chomsky），1928 年出生。美国语言学家，转换—生成语法的创始人。1945年在哈里斯的影响下开始研究语言学，1951年和1955年先后在宾夕法尼亚大学获硕士和博士学位。毕业后在麻省理工学院任教，曾任语言学与哲学系主任。1967年在《纽约书评》上发表《知识分子的责任》一文，成为越战主要的反对者。从那时起对世界各地的政局发表评论，撰写了大量著作。（摘自百度百科）

390）搞可持续发展研究对社会问题发表意见，我心里保有一定的张力。一方面，不要把搞可持续发展研究当成什么都懂，警告自己不要到没有论文发表和研究成果的领域发表意见；另一方面，对共享单车、垃圾分类、城市发展等有普遍性的社会问题发表意见，不能重复行业专家的看法，而是要从跨行业的战略角度谈出新意来。

391—400：思想的有趣、有理与有用

391）与其他职业一样，在大学当老师，在争取站住的最初年月要考虑职称、收入、声誉等问题。随着发展生存不再成为问题，在追求站高的阶段就要把思想的有趣、有理、有用当做一种生活方式。如果自我实现是马斯洛心理学的最高境界，那么思想的有趣、有理、有用就是思想者教授的自我实现。

392）思想者教授的追求之一是研究的问题是有趣的。我讲课，经常会一开始就说这个问题那个问题是有趣的，然后

解读自己的心路历程，努力与听者分享有趣。例如我说新冠疫情引起了城市问题的新争论，有人说城市规模大容易有疫情，有人说疫情发生与城市规模无关。你们怎么看？

393）人生常常有年轻时爱文学、资深后爱哲学的感觉，思想者的有趣与文学家的有趣是不同的。文学家要用故事和情节表达思想，让读者从故事中领悟其中的道理，有趣的重点是故事，故事越跌宕离奇越有趣。当教授要用问题和隐喻表达思想，有趣的重点是问题，提出的问题与习以为常的认识反差越大，思想有趣的浓度就越高。

394）对于有趣的问题，我要找到比喻让听者入耳入脑才会感到满意。我搞可持续发展有四个研究方面，每个方面都有自己的隐喻：循环经济和共享经济是换麻将牌，用一定的物质存量提供更多的服务；城市发展绩效是两个半球，发展半球与环境半球要匹配；合作治理是中国五星红旗，要处理好一与多的关系；可持续性科学是 X 型思维，兼顾国内国际两个扇面。

395）如果思想的有趣是提出大胆新颖的问题，那么思想的有理是给出与众不同但是有说服力的解释。思想者的解释与众不同，可以有三个方面的追求。一是解释要有权重。看问题，不同的人总是有不同的解释，思想者不是要增加第 n+1 个解释，而是要用 80/20 定律从中发现权重最大的因素。

396）二是解释要看利益。做研究，可以发现事实有真假之分，解释却没有对错之分，因为解释很多场合与不同的利益有关系。我当年研究板块学说革命，就研究过新老科学家对大陆漂移学说的利益差异。思想者本身作为客观的观察者和第三方，要研究什么样的解释与什么样的利益有关。

397）三是解释揭示预设。思想者常常进入到某种基本性的预设层次，解释预设如何作为先天信仰影响着人的选择和行为。例如研究可持续发展，新古典经济学的预设是地球生物物理不是限制，因此强调经济增长无止境；而强可持续性的预设是经济系统位于生态系统之内，因此强调人类只能追求地球行星边界内的社会福祉。

398）关于思想的有用，专家意义的有用是领域导向的，超出这个领域有用性就变小，思想者则追求跨界和更普遍性的有用。我搞可持续发展，最初面向政府研究城市、区域、国家等大的维度，后来扩展到企业和非政府组织，再后来扩展到个人。希望把德鲁克所讲的社会管理、组织管理、自我管理都有所覆盖。

399）这样就可以在更高的层面追求思想的有用和普适性。研究可持续发展，发现人的领导力具有统摄性。领导力可以分为四个方面，智商有关物质资本，情商有关社会资本，生态商有关自然资本，而综合商或者灵商是把三者整合起来。有可持续发展领导力的人在社会管理、组织管理、个人管理上都会有好的作为。

400）多年来我喜欢琢磨个人自由的四个方面即财务自由、时间自由、关系自由和思想自由，现在发现可以用可持续发展的"四商模型"统一起来进行理解并指导实践。智商用来处理财务自由和财务风险，情商用来处理关系自由和关系风险，生态商用来处理身心自由和身心风险，灵商则是用来平衡三个方面以实现惬意生活和时间自由的目标。

下篇　教授有乐趣

当教授不能有学术无生活，不能有生活无学术，惬意教授既要学术成功，又要享受生活。做教授有惬意，从校内讲课到社会讲演、从发论文到写网文、从给政府当顾问到出国开会走世界，每一种都可以有附带的红利和乐趣。

1）讲课。讲课讲演是教授的看家本领和快乐源泉。我喜欢讲课，每次讲课备课都像新手一样花力气，搞到自己有激情了才罢休。没有什么职业像大学教授这样，可以一年复一年有一批高智商的学生和听众，可以不断地分享新鲜知识、研究成果和思想感悟。

2）出国。出国参加学术活动是教授国际化带来的红利，每当接到国外寄来的邀请信和飞机票，我就有一种又可以放飞心情的感觉。会上会下做报告做交流，认识学术圈的朋友和名人；会前会后作为都市漫游者，逛书店、走大学、看城市，不亦乐乎。

3）网文。写网文给大学教授多了一种表达手段，可以品尝自媒体写作者和思想者的乐趣。写网文，一头连接社会，把对社会现象和人生发展的观察和思考用吸引人的方式表达出来；一头连接学术，学术思想的火花在自媒体文章中萌发甚至写成半成品。

4）生涯管理。大学教授被认为是一个"三无一不"的职业，即无定时、无老板、无约束、不发财。无定时，上班不用朝九晚五，有时间自由；无老板，有上下关系，但是没有老板发号施令；无约束，有学术自由和思想自由；不发财，当教授不可能发财当大款。惬意教授的生涯管理，可以把"三无一不"的原始状态，提升到有时间自由、关系自由、思想自由、财务自由的高境界。

5

讲课：401—500

每次讲课备课，我都像新手一样花力气，搞到自己有激情了才罢休。没有什么职业能像大学教授，可以一年复一年面对高智商的学生和听众，分享新鲜知识、研究成果和思想感悟。

401—410：讲课是快乐的

401）每当刚入职的青椒请我对生涯规划提建议，我会说第一年要花时间过教学关，然后安下心来提高做研究发论文的业绩。在中外研究型大学的升等体系中，教学很出色，不保证能够上教授；但是教学不过关，肯定当不了教授。在我的心目中，在大学当教授，讲好课不仅是生存方式，更是快乐的泉源。

402）我自己喜欢讲课，每次讲课备课都像新手一样花力气，搞到自己有激情了才罢休。开始时要讲好课是因为考核有压力，现在要讲课好是可以带来快感。没有什么职业能像大学教授这样，可以一年复一年面对一批高智商的学生和听众，分享新鲜知识、研究成果和思想感悟。

403）每次讲课，我都要享受前后两道快乐。第一是享受备课的快乐，这是内容规划的快乐，例如备课时想通了有困惑性的问题，发现上课有好的故事和逻辑，讲了 N 多遍的课增加了新意等等；第二是讲课实际的快乐，这是内容执行的快乐，看到学生的抬头率高居不下，眼神在思考，下课时对你说还没有听够。

404）当教授很多时间要花在讲课上。只要第二天有课，我今天的头等大事必定是备课修改 PPT，让其他事情先靠边。看看有没有新的信息要加进去，有没有老的东西要剔除，讲课逻辑是否要调整，有什么地方可以出彩……如果对演示稿有许多调整，觉得对自己、对学生会是全新的收获。

405）讲课让学生有享受感，主要是两个方面。首先是要给学生奉献他们没有的知识珍珠，满足他们的求知渴望，使得他们的积累多起来；更重要的是要用红线把散落的珍珠串联起来形成高附加值的项链，使原来不值钱的东西变得珍贵起来。当学生听完课说我讲课是"道"之类的东西，我就觉得实现了目标。

406）讲课 2—3 个小时下来，如果学生的反应说没有听够，一般来说就可判断讲课是成功的。如果不好，不会说没有听够；坐了那么长时间不想离开还要听，说明有某种东西在吸引他们。因此每次讲课，我的简单目标就是：不管时间长短，只要讲完了学生说没听够，就是成功。

407）女孩上街追求回头率，教授上课追求抬头率。抬头率越高，讲课就越成功。抬头率高，关键是从教授到学生的信息要有差值，这样才能流通。差值越大抬头率就越高。如果教授的信息是老套的，讲课的抬头率就高不起来。甚至会有人私下里说，还不如我上台给老师讲点东西听呢！

408）讲课搞口腔运动许多年，现在进入移动互联网时代，上课就是教授讲课抬头率与手机族低头率的竞争！现在人手一部手机，知识性的东西动动手指就可以从网上获取，手机上还外带各种有趣的事情。因此教授讲课要有高抬头率，要有持续几个小时的抬头率，一定要讲得比手机更有趣。

409）我讲课备课，总是要考虑三个因素，即要讲的东西是什么，自己有什么权威性，对象的接受性如何。好的讲课，应该最有效地把所要讲的东西传播出去，对听者产生非预期的影响。不管是对全日制的在校学生讲课，还是对非全日制的专业学位学生讲课，讲课效果要好，备课只考虑讲什么东西是不够的。

410）备课既要备事，又要备人。前者是供给导向，是当老师我可以讲什么；后者是需求导向，是搞清楚听者想听什么。备人决定了备课内容的选择：什么人对什么问题有兴趣；

哪些人关心理论问题，哪些人关心实务问题，等等。因此，教授讲好课的一个乐趣和挑战，是研究不同的听众及其取向。

411—420：我是可持续发展教授

411）最近 20 多年来讲课的内容主要涉及可持续发展，许多人称我为可持续发展教授，我接受，我快乐。以前不搞可持续发展，研究的东西与讲课的东西是两张皮。现在搞可持续发展，研究的东西就是讲课的东西，讲课的东西就是研究的东西。对我来说，研究和讲课、书房与课堂、学术报告和上课讲课是一种良性循环。

412）研究可持续发展许多年，我做到了曲不离口、拳不离手。从本科生到博士生，从全日制到专业学位，从校内到校外，许多人听过我讲可持续发展。碰到一些人，经常会提到我讲课给他们留下的印象，也流传着一些抬举我的段子，说我讲的东西既是有趣的，也是有用的。

413）本科新生开学典礼，我有幸作为教授代表讲话。我说：可持续发展是以人为本位的发展观。幸福人生有四个 right，即 right 教育，right 工作，right 伴侣，right 城市，上大学进同济是个大的 right，理由是它有几个"很"，很工程，很德国，很上海……下来后书记开玩笑说，听了诸老师的讲话，我明白我为什么幸福了。

414）学校把建设可持续性导向大学纳入发展目标，请我给中层干部讲课。我讲了从可持续发展到可持续性大学的世界性进程，针对学校情况讲了可持续性大学的四个转型，讲了我们可以做的与众不同的事情。讲完后书记上台说，诸教授把自己的研究与学校的发展结合起来，是我们学校的教授榜样。

415）可持续发展与中国高质量发展高度相关，讲可持续发展在校内外有增长的需求。学校接受市里任务给局级干部周末讲课做培训，要安排有代表性、有吸引力的课程和老师。每年的主题和讲课老师都有更换，但希望我能够稳住不要动。多年讲下来，有人出去说，到同济听课没有听过我讲可持续发展是可惜的。

416）被邀请到中国浦东干部学院给领导干部讲可持续发展，我说听官员讲可持续发展，我们搞这方面研究的人坐在台下听有时候觉得难受，因为官员口里的可持续发展有许多东西是错的，今天讲课希望介绍一些原汁原味的东西。官员们先是感到惊愕，三个小时课讲完后给我打了高分，说我讲的东西很有针对性。

417）2013年雾霾问题引起举国上下重视，市里请我给市委中心组讲生态文明与可持续发展。我围绕生态文明的世界背景、中国意义、上海行动三个方面，讲了一个半小时，回答了领导们关心的问题。坐在旁边的老领导，说我讲得好、有新意，应该给决策层多讲讲。讲课的事情成为第二天上海媒体的头条新闻。

418）讲可持续发展多了，我把研究成果转化成为多层次的课程体系，针对不同的学生讲不同的内容。例如给本科生与 MPA 学生，结合中国五位一体发展观讲可持续发展的政策分析；给 MBA 和 EMBA 学生，结合企业社会责任讲可持续导向的企业管理；给博士研究生，讲可持续发展的理论热点和与此相关的经济与管理前沿问题。

419）近年来我在校内搞了一个由十次讲座组成的可持续发展通识系列，不同的对象都可以听。一月讲一次，内容针对中国当前发展的热点问题，包括新型城市化、低碳转型、循环经济、分享经济、绿色消费、发展门槛、企业 CSR 和 CSV 等。听课的人有校内的和校外的，我讲得过瘾，听者说听得过瘾。

420）讲可持续发展，国际上当下的代表人物是哥伦比亚大学的经济学教授 Sachs。我们开会时有过交集，我也比较关注他的研究动向。不同的是 Sachs 讲可持续发展是基于新古典经济学，我讲可持续发展是基于强可持续理论。我觉得可以用中国的生态文明对可持续发展做一些深化的工作。

421—430：讲课要剥洋葱皮

421）有人问，上课好有什么套路可以传授。旁人说，诸教授上课好，是学不来的。其实我上课只关注内容，不讲究特别的方法和技术。每次上课前对讲课内容反复琢磨，要推演一番才敢上台。如果有什么东西可谈，我喜欢说讲课要"三有"，即有趣、有理、有用。三者顺序有趣为先，如果有理为先就不会成功。

422）所谓有趣，不是讲课开始讲个小故事，也不是开口先来个西方式自嘲，更不是讲课要有表演腔。我追求的有趣，是思想的有趣，是要对习以为常的东西提出有悬念的问题。每次讲课做准备，我不搞出这样的"见面礼问题"不会罢休，搞到自己有点意思了，就觉得讲课一定会成功。

423）"可持续发展可以理解为持续的高增长吗？""低碳转型就是搞新能源吗？""生态文明是不是等于环保？""中等收入陷阱是真问题还是伪命题？""共享单车是伪共享还是真共享"……我讲课经常以这样的方式开始，直截了当把听课人的抬头率，从看手机和闲聊之中抓出来。

424）导入问题之后，我就一层一层往下剥洋葱皮，用what、why、how与"三有"对应。what是有趣，把问题及其表现和影响，用学术性的语言和可视的数据进行描述，指出流行认识有误区；why是有理，对原因做权重分析，指出主要原因是什么；how是有用，指出解决问题的路径是什么。

425）"什么因素可以使中国到2030年碳排放达到峰值？"例如我上课讲低碳转型，会把影响中国碳排放增长的原因分解成技术性与社会性两方面。用数据分析各自的贡献，说技术要素中能效改进的重要性高于通常以为的能源替代；说社会要素中消费水平的重要性大于通常以为的人口规模。

426）我追求的有理，是用理论模型解析现象背后的原因，有技术含量地讨论为什么的问题。在我有研究的几个领域里，我定时研读中英文杂志的最新论文。看到好的理论工具或分析模型就眼睛发亮，会马上消化吸收写入讲课PPT。我积累了不少分析模型，上课需要时可以信手拈来。

427）理工科出生的人，喜欢用数字说话。我平时买书看书对无number的东西不感冒，讲课更是数字控。我做PPT课件一定要图、文、数并茂，强调有可看性。对于为什么的问题，我不会枚举式地罗列原因，而是有实证有数据地说明，哪些重要原因被人们忽视了，哪些又被高估了。

428）"为什么汽车从大排量变成小排量有重要的技术改进，但是汽油消耗和尾气排放的总量不是在减少而是在增加？"我讲到反弹效应这类问题，希望让听者打开脑洞，发现有东西值得深入。讲清楚道理后我不会停下来，而是会进一步指出这样的道理有什么用处，大到国家政策，小到日常生活。

429）我追求的有用，既指向治标性的适应性对策，也指向治本性的减缓性对策。适应性对策解决状态问题，减缓性对策解决根因问题。20年前我写论文读城市管理，曾经评论政策治标不治本。现在有了参与政府政策研讨的经历，觉得治标也是重要的，但是治标一成功就要乘胜追击去治本。

430）我的讲课"三有"，其实是把可持续性研究的PSR方法用到课堂中。其中，state是要有趣地讲what，pressure是要有理地讲 why，response 是要有用地讲 how。我说从问题到原因是理论研究，从原因到对策是政策研究。学生和听者常常觉得理解这样的逻辑比接受知识有意思。

431—440：我做讲课 PPT

431）有人说我讲课 PPT 做得好，问我是否自己做，我说当然，这是享受。我在许多人还不会用的时候就开始做 PPT 上课，算得上有一点经验。但是有进入自由王国的感觉，是看了《哈佛教你做出好图表》（2017）一书。觉得可以将自己的感悟和经历，形成讲课 PPT 的"构思—制作—讲解"三部曲。

432）构思，是确定内容，考虑每张图表要派什么样的用途。做 PPT，有两个维度要考虑，用 2×3 矩阵确定做图要表达什么内容：一是内容需要分为三类，例如陈述是什么的问题，是 what 型；说明怎么做的问题，是 how 型；探索为什么的问题，是 why 型。二是内容表达考虑是用数据等统计资料，还是用概念图像。

433）经常读《哈佛商业评论》杂志，我对二维矩阵有偏爱。讲课内容只要能够用二维矩阵图像化，我会优先考虑并做设计。例如解读企业社会责任，理解是什么，可以用有无经济价值和有无社会价值分成四类；而怎么做，就是创造共享价值（CSV），要求既有经济价值又有社会价值。

434）二维矩阵既可以用于定性的概念关系，也可以用于定量的统计数据。有数据的时候，就用两个维度的平均值或一定值，把研究区域分成四个部分。例如研究城市的生态福利绩效，一个维度是人类发展，另一个维度是生态足迹。讲解什么是可持续性城市，就是人类发展指数超过 0.8，生态足迹低于平均值。

435）制作，是做出内容草图，考虑用少做多即 doing more with less。对标题、图形、资料来源等要素，首先是要做减法，用奥卡姆原理砍掉喧宾夺主的东西。我做 PPT 底色只用白色，字体最多三种即标题是黑体，图中是仿宋，资料来源是楷体，图像颜色不超过三种，尽量不用动图。

436）然后是做加法，把要强调的内容用加粗线、红颜色、加框框凸显出来。例如用红图框强调真正的企业社会责任，应该是创造共享价值的那个象限，而不是脱离企业主营业务盲目参与社会事务。PPT 不能花里胡哨是做减法，突出重点是做加法。一张 PPT 重点只能有一个，多重点就是没有重点。

437）PPT 要凸显想强调的看法，有效的办法是把研究对象与理想状态或平均状态做比较，或者与最佳实践和平均实践做比较。例如研究上海全球城市，把金融、交通、科技创新、文化、宜居、环境等六个方面的指标和数据做成玫瑰图，比较上海与纽约、伦敦、东京等对标城市的差异。

438）讲解，是把内容与形式和谐地表达出来。讲解要引人入胜，就要设计有起始有转折有结果的精彩故事。what 型讲演要讲出非线性过程：现在在哪里是起始，从大家习以为常的地方开始；结果在哪里要出乎意料，爆发亮点；从现在到结果如何出现转折是最吸引人的地方。

439）对于 why 型问题，用 PPT 先讲当前的状况，然后打破线性外推的思路，摆出非预期的结果，再娓娓动听讲出所以然。例如中国能源强度曲线 1990 年代以来一直在降低，2002—2007 年以后出现反弹，给出原因说重化工业回潮延缓了产业结构调整。这样可以使抽象的 why 型问题具有画面感。

440）对于 how 型问题，可以强调不同的办法导致不同的情景。例如对城市交通发展的未来，可以有三种结果：一切照旧情景 BAU，私家车增加，交通拥堵，能源消耗与二氧化碳增加；电动车与无人驾驶情景，微观效率改进，但是拥堵与排放难有实质性改进；要引入共享出行情景，才能够解决大问题。

441—450：讲课有不同层次

441）下午给博士生讲课，晚上给本科生讲课，课前和课间我坐在办公室沙发上，貌似闭目养神，脑子却在过上课内容。讲课要在本科生、硕士生、博士生之间调频道，我希望对三种对象有不同的重点：对本科生强调知识，对硕士生强调方法，对博士生强调思想。当然三者其实都需要，只是权重不同。

442）给本科生讲课，重点是知识性的东西。但是互联网时代，学生随手可以上网找信息，零基础的东西百度一下就扫了盲，当教授只靠知识灌输赢不了抬头率。分散的音符只有组织起来才会成为优美的音乐，因此我讲课特别注意提供结构化、有组织的知识，强调知识需要针对问题，需要有逻辑性、交叉性。

443）给本科生讲课需要保持张力。一方面，本科生课程有大纲规定和指定教材，教授的自由裁量权比给研究生讲课要小很多，不能脱离教材，只讲自己喜欢的和有研究的东西；另一方面，拘泥于教材照本宣科，就没有教授讲课的增量贡献。我会在两者间苦苦思索，找到满意的方案才罢休。

444）我的做法是，围绕教学大纲要求达到的内容，从需求侧和供给侧对材料与组织做加减乘除：研究学生关注的问题，哪些容易理解，哪些需要举一反三；分析自己的兴奋点，哪些可以发挥。最后在教学大纲、学生需求、教授供给的交集上组织讲课内容。实践下来，可以达到三赢效果。

445）我喜欢用鱼和渔的区别，强调对本科生要重知识，到了研究生应该重方法。鱼是要吃完的，渔可以从没有鱼变成有鱼。互联网时代，老师的功能不是当字典当百科全书，而是当知识的引导者和组织者。教授上课要做增量，除了把知识按问题进行组织，更要解读知识是怎么来又应该怎么用。

446）如果给本科生讲课要提供有组织的知识，那么给研究生讲课要强调有操练的方法。讲方法比讲知识重要，但是概念化地讲，学生不一定理解，听懂了也马上忘；如果讲方法有故事，学生听了很生动就不会忘，但是还不一定会用；有操练地讲方法用方法，方法才会变成学生自己的东西。

447）给研究生讲公共政策分析等课程，主要任务就是讲方法。我习惯讲完理论后把学生分组做案例分析，然后上台交流评论。这样上课，虽组织起来有点累，我却觉得很过瘾：学生寻找现实中的政策问题，用教学要求掌握的方法进行分析，从中发现政策改进的方向，可以很快进入从运用中学习的状态。

448）从本科生到硕士生再到博士生，讲课从讲知识到讲方法再到讲思想，内在的逻辑是从传播知识到运用知识到生产知识。因此我给博士生讲课，如同在学术界做学术报告。每次都要考虑什么是探索性的问题和思想亮点，让学生听完后可以品味琢磨，所谓把问题带回家 take home point。

449）给博士生讲课，他们说我有思想的魅力和气场。不管内容是新还是老，我有正反合的处理套路，有持续进行版本升级的做法：在新思想萌芽的时候，要思想开放推波助澜；当新思想成为流行，要冷思考甚至唱一唱反调；在新东西一正一反经过颠簸以后，要组织成为有整合性的理论。

450）"老师，课程论文我投出去在同行评议杂志发表了""老师，我的英文课程论文有 SCI/SSCI 杂志接收了""老师，受到上课启发我写了国家基金申请书"……每当听过课的博士生给我报告这样的消息，我会有满满的成就感：给博士生上课强调思想，就是希望学生能够结出真刀真枪的果实。

451—460：从学校讲课到社会讲演

451）当教授都有从校内讲课到社会讲演的经历。搞可持续发展，我做过的社会讲演大大小小有上千次。对象包括政府官员、企业老总和社会公众，当然还有大学里的领导和教授，地点从北上广深到国内主要的省会城市以及长三角城市群内的城市。相对于讲课，社会讲演另有一番挑战和乐趣。

452）我听过许多人的讲课讲演，印象深刻的人中有余秋雨。知道余秋雨，是看了他的《文化苦旅》和写上海人的短文，读他的自传得知祖籍也是浙江余姚。最近一次听他讲演，是在中国城市百人论坛，我们正好同一个航班飞北京。他讲城市与文化问题，讲了什么已经忘记，但记得他有自己的思考。

余秋雨，1946 年出生。文化史学家、散文家。1966 年毕业于上海戏剧学院戏剧文学系。1975—1976 年在浙江省作协盛钟健的帮助下，到浙江奉化县一所半山老楼里苦读中国古代文献，研习中国古代历史文化。出版有《戏剧理论史稿》（1983）、《中国戏剧文化史述》（1985）、《文化苦旅》（1992）

等著作。1985 年晋升教授。1986—1992 年先后任上海戏剧学院副院长、院长。2010 年起担任澳门科技大学人文艺术学院院长。（摘自百度百科）

453）最近几年印象比较深刻的一个讲演者，是中国人民大学研究国际关系的教授金灿荣。2016 年一起到纽约参加中美能源问题二轨研讨会时认识，觉得有特点，开始关注他。尽管他的观点在学术界和社会上有争议，但是他的讲演圈粉能力特别强。吸引人的地方不是演讲技巧，而是他的思想、语言和知识面。

金灿荣，1962 年出生。中国人民大学中国对外战略研究中心主任。1980 年考入复旦大学国际政治专业，1984 年毕业。1984—1987 年考入中国社会科学院美国研究所读硕士研究生，毕业后留所工作。1999 年毕业于北京大学国际关系学院，获政治学博士学位。2002 年至今任中国人民大学教授。主要研究美国政治制度与政治文化、中美关系及大国关系、中国外交和战略等。（摘自百度百科）

454）与学校讲课相比，社会讲演更需要需求导向和听众导向。有趣、有理、有用"三有"中，社会演讲是有用为先，这对学院派从理论到理论是最大的挑战。讲演不是讲课，讲课有规定性和稳定性，讲演有多样性和变化性；讲演也不是演讲，演讲强调形式和技巧，讲演是对所研究所信仰的东西的激情流露。

455）做研究有规范性与实证性的区别，讲课与讲演也可以如此区分。学校里对社会经历较少的年轻学生讲课，主要从应该是什么出发讲理论，规范性、理想化的成分多，讲多了教授本身也多书生气；社会上对见多识广的政府高官和企业高管讲演，必须是实证性的问题导向，从事实是什么出发解决问题。

456）成功的讲课是有黏性的，在学校里是学生听了你的第一次课，还想听第二次；在社会上是政府和企业邀请了第一次，还要邀请第二次。许多干部听我做报告不止一次，说我每次都有新意和针对性。其实，我研究的东西，理论框架是相对稳定的。讲课有针对性的做法之一是，到某个城市做报告，我一定要看当地的五年规划或城市总体规划。

457）杭州召开 G20 会议前，市人大常委会请我讲城市国际化问题，这是总书记给杭州提出的课题。他们在所推荐的京沪几个学者中最后找了我。我从上海 1999 年城市总规划开始研究全球城市，理论是现成的。讲课前一天杭州市党代会通过有关文件，我当晚研读，第二天结合文件在讲课中有理论含量地做了评点和建议。邀请者说选对了人。

458）即便社会演讲以有用为目标，学者讲课仍然需要在结构性上做些工作，而不是讲些无逻辑的东西。我做社会演讲，总是想引导听者做战略思维。从提出问题开始，进入三个基本面的思考，即现在在哪里，要到哪里去，如何去那里，有系统地展开问题分析、目标分析、策略分析。

459）人们的日常思考常常是三缺一的类型：有目标有措施，但是没有针对性的问题，这是书宅式思维；有问题有目标，但是没有解决问题的方略，这是空想式思维；有问题有对策，但是没有有高度的发展目标，这是西瓜皮思维。有人说听我做报告，不仅有鱼的内容，同时也有渔的启发。

460）雄安新区规划，高层要求有世界眼光、国际标准、中国创新。我接到邀请到北京参加闭门研讨，如何将绿色发展理念融入雄安规划，我讲了这方面国际关注的关键问题及其空间意义，规划编制者感到有新意很解渴。后来在解读绿色发展和雄安规划的时候用了我的观点和好几张 PPT，许多重要会议邀请我参加。

461—470：出去讲课有选择

461）讲课多了，名字流传广了，三天两头有机会被邀请出去讲课，我一般几个里面选一个，控制外出讲课的总量。接受邀请的原则有三：题目对口味，特别是有过研究还没有做过长篇大论的报告；对象有决策意义，可以影响有影响的人；问题有重要性，政府制定政策或企业进行管理要了解理论依据。

462）出去讲课，我一般不接受完全不熟悉的恐慌区课题，也不接受完全熟悉的舒适区课题，只接受部分熟悉、部分需要学习的挑战区课题。这种情况可以有双重收益，一方面是有辛苦费，另一方面你通过学习有长进，可以说是人家出钱请你读书学习。一年到头经常有这样机会，脑袋和口袋会同步富裕。

463）专家做社会讲演，我欣赏的人中有担任政府智囊多年对上海发展有独到见解的原上海社科院院长王战和新冠疫情中成为学术网红的张文宏。他们讲演具有海派风格，有足够的专业化水准，同时善用通俗易懂的语言。教授能够深入浅出，不管专业讲演和社会讲演，是可以通吃的。

王战，1952 年出生。复旦大学客座教授、博士生导师。曾任上海社科院院长，上海市人民政府发展研究中心主任。1983 年毕业于复旦大学世界经济系获学士学位。1983 年起参与了五届上海市政府决策咨询研究，1992 年起主持上海市决策咨询工作。有影响的建议包括上海土地批租、浦东开发、中国加入 WTO 对上海经济的影响及对策研究，以及上海综合竞争力国际比较研究等，是国内决策咨询界有较高知名度的学者之一。（摘自百度百科）

张文宏，1969 年出生。复旦大学附属华山医院感染科主任，长期从事感染病与肝病专业的临床研究。1987 年考入上海医科大学临床医学专业，先后获学士、硕士、博士学位。1993 年进入华山医院感染科，先后在香港大学、美国哈佛大学以及芝加哥州立大学微生物系从事访问学者以及博士后工作。2010 年被选为上海市"优秀学科带头人"。2017 年获首届"国之名医·优秀风范"奖。（摘自百度百科）

464）给政府官员讲课，对我的评价是既有理论高度又接地气可以操作，这是坚持巴斯德型研究的收益。一般来说，在学术会议做报告，我是 30% 讲实际，70% 讲理论，重点讨论现实背后的为什么问题；在政府场合做报告我倒过来，70% 讲实际，30% 讲理论，重点讨论从理论导出的怎么做问题。

465）给领导干部做报告，他们喜欢听的是我怎么讲出政策语言后面的理论，分析为什么、是什么、怎么做的问题。有领导说，干部学习需要把政治口号背后的学理讲清楚，弄懂了才能内生性地干。这正是我做巴斯德型研究的兴趣所在，一方面用理论探讨政策依据；另一方面从政策实践提升到理论。

466）我们这些人经常讲一些阳春白雪的事情。走出校门做公众性讲演，与那些游走于三教九流，讲起话来每几分钟能够让人笑一笑的咨询公司的人在一起，教授学者常常显得笨嘴笨舌。这种场合放弃擅长的理性思维全盘皆输，我的对策是尽可能开发右脑功能，用一些隐喻、做一些类比。

467）到外地讲课，有的时候还要选择地点考虑出行方便，一般是去能级高的城市。北上广深经常去，除此之外，主要去西部和东北地区省会城市，中部地区主要去地级城市，长三角地区可以去县级城市。一方面考虑来回不要占用太多时间，另一方面要考虑听者的发展背景和认识水平。

468）被邀请出去讲课，我有公益与非公益之分。公益性是对官员讲课，由政府相关部门或者党校组织，没有中间人，主要目标是提高干部理论水平，这类讲课可以不计报酬；非公益性是针对各种中间培训机构，他们常常打着非营利性旗号干营利性的事情，对于他们邀请上课，一看对象是否有趣，二要符合我的价格。

469）讲课开会用头衔，我喜欢简简单单只用"教授"，尽管我也可以加上一些吓唬人的帽子。讲课说话做报告，有没有吸引力不是由帽子决定的，而是由思想决定的。不管是不是按照帽子大小讲话，我希望讲完话后，认识的人说诸教授讲得不错，不认识的人说还是那个当教授的讲得好。

470）有了名气，出去讲课做报告，不会被怠慢，不习惯的却是招待过度。邀请方到高铁站或飞机场来接，到酒店很晚了还要请吃饭，前呼后拥送你到房间，第二天有领导陪吃早餐，做报告嘉宾介绍如先进人物，等等……当学者其实不喜欢这样，最好自由自在，只要把课讲好就行。

471—480：百年校庆做讲演

471）百年校庆，总理要来学校祝贺并讲话。学校决策层决定以论坛方式欢迎总理，论题是大学的社会责任，请几位有思想的教授做引导性发言暖场子。我被安排在最后一个上台发言，任务是要把控时间，讲到总理到来。我觉得在这样的场合，讲一讲建设可持续性导向的大学特别有意义。

472）我曾经用轻松的笔调写文章说，同济的校风和传统可以总结为"四很一不"：同济人很工程，同济人很德国，同济人很上海，同济人很生态，同济人不洪堡。不洪堡的说法后来流传开来，也引起了争议。我想，校庆讲演应该有点很洪堡的思想味，也许可以促进理论思维。

473）我把讲话重点放在中国的大学如何在全球可持续发展运动中起到引领作用。这个话题我在学校决策层内部会议上讲过。领导们觉得有意思也很重要，校长会后拉着我到房间里细谈，开玩笑说我会忽悠。讨论大学的社会责任离不开可持续转型，我认为同济可以在这方面用自己的特色做一点事情。

474）讲演那天，会场黑压压挤满了人，大家都在等待总理到来。我们几个人的讲演是正餐前的开胃菜，轮到我上台，我说今天讲大学的社会责任，需要引入可持续性导向大学的新概念，世界上大学发展已经经历了三个波，现在正在进入第四波。参会者的眼神开始转向我，听我往下讲什么。

475）我说，可持续发展导向大学的人才，不只是拥有知识与能力，重要的是拥有责任感。我说，最近几年来同济人接连不断被发掘出来，包括有被推送到北京当部长副部长的。这是同济人的腔调和情调，同济人才培养强调知识、能力、责任三合一，应该并且可以对中国的可持续发展有作为有贡献。

476）我说，社会服务是可持续发展导向大学的独特竞争力，它把创业型大学的 MIT 模式提升到了新水平。同济大学的发展一向与城市和区域发展共命运。在上海，从杨浦环同济知识经济圈、上海世博会到崇明生态岛、嘉定汽车城，都留下了同济的印记。这样的创业型大学是不能用 SCI/SSCI 排行榜衡量的。

477）我说，可持续发展导向的研究型大学是全球性新思想的引领者。我举例说，在哈佛做访问学者的时候，发现可持续发展思想演进中到处都有哈佛教授的身影。我对同济最近十年的国际学术交往做标题统计，发现可持续发展是出现频率最高的关键词，重要的国际活动多与可持续发展相关，同济有理由强化面向可持续发展的科学研究。

478）我说，可以用可持续性科学打破同济不洪堡的遗憾和短板，造就理工科大学新的科学研究模式。我引入理论—实用二维矩阵，说可持续性科学不是普朗克式的纯基础研究，也不是爱迪生型的纯应用研究，而是巴斯德型的应用导向的理论研究。同济的长板是实务，用巴斯德型研究可以提升理论含量。

479）我说大学可以分为三类，有的大学搞理论出思想，目标是高大上的头脑型大学；有的大学搞技术做实务，可以做金字塔基础中的手脚型大学；同济搞可持续性导向的大学，往下用可持续发展的理论提升实务，往上对人类命运共同体做理论贡献，要当立地上天的脊梁型大学。

480）我的想法讲到了亮点与高潮，校长陪着总理走进会场，我收住讲话从台上下来。总理走上台去，温文尔雅遣词造句，做了后来广为流传的著名讲话，说大学要脚踏实地、仰望星空。我感到这与可持续性导向大学的发展目标很一致。几年后，同济提出新的发展愿景，要立足中国大地，建设以可持续发展为特色的世界一流大学。

481—490：用国际前沿成果讲生态文明

481）WWF 中国总干事来访，说中国的生态文明政策在国际上受到好评，与他们倡导的"一个地球"的主张有许多共鸣。他们邀请我写一个研究报告，用可持续性科学的国际前沿成果解读生态文明，在此基础上提出深化生态文明理论和实践的政策建议，在一年一次的国合会上提交给中国政府。

482）总干事说，他们喜欢我提出的中国发展 C 模式概念，认为我对可持续发展的学术研究有独到理解。看到我办公室案头有 Raworth 赠送的《Doughnut Economics》一书，说他们希望中国生态文明能够与甜甜圈经济学、人类发展—生态足迹二维矩阵等国际研究新进展之间开展对话。

483）总干事与我谈得很投机，说他们要举行一年一次的董事会，梳理未来五年的发展思路，要请我到董事会上做一次报告。我觉得对 WWF "一个地球"的主张与中国生态文明的关系可以讲出新意，写报告之前正好给 WWF 的决策层讲讲我的看法，有点输出输入互动，就一口答应下来。

484）从学术上研究可持续发展与生态文明的关系，是我可以发力的地方。某种意义上，生态文明的思想像中医，强在综合性哲理性；可持续发展的概念像西医，强在分析性科学性，两者互动可以提升双方的价值。一方面用可持续发展深化生态文明，另一方面用生态文明深化可持续发展。

485）2006 年我到洛桑参加国际会议，第一次在 WWF 的《地球生命力报告》中看到 HDI-EF 矩阵，觉得可以用来评价和区分可持续发展的不同类型。我不喜欢弱可持续性的做法，他们把经济、社会、环境三方面的绩效无量纲化后做加法、算总分、排次序。WWF 把 HDI 和 EF 两者合起来有创意，符合强可持续性的理论。

486）WWF 寄来最新的《地球生命力报告》，研读他们有关"一个地球"的看法。我看到报告分为四部分，用状态分析谈地球生命力与生态系统服务，用影响分析谈生态足迹和行星边界，用原因分析谈系统思维的事件、模式、结构、发展观，用对策分析谈五要素组成系统对策，对如何结合他们的情况做报告便心中有数了。

487）做报告的那一天，总干事把我的报告安排在董事会的开场，以便用来指导之后发展思路的讨论。董事会成员来自全国各地，有万科前董事长王石、身兼多国科学院院士的华大基因董事长等人士。我讲有自己新思考的话题，越有高等级人士参加越兴奋。我吸了一口气就开讲了。

488）我从三方面把"一个地球"与生态文明关联起来：第一方面是发展愿景，生态文明要求生态有约束的文明发展，可以表达为高人类发展低生态足迹；第二方面是分析工具，生态文明是标本结合的绿色发展，可以用 PSR 进行状态分析、原因分析和对策分析；第三方面是理论观念，生态文明需要强调自然资本与生态系统服务。

489）四十分钟报告时间，我讲完三个问题，照例到点就刹车。茶歇的时候，董事们上来交流，说这样大格局讲生态文明是第一次听到，一个 80 后的海归董事长说时间短了没有听够，院士说要请我到华大基因去讲课。第二天工作人员给我发来短消息说，董事会后来开会一致对我的报告给予好评。

490）几个月后，给 WWF 的 2 万多字报告完成，分别呈送国合会、国务院参事室、环保部等，得到了有关部门和领导的批示和重视。WWF 的决策者们有满足感，我的收获是可以在此基础上，更多地从可持续发展的国际前沿成果深化中国的生态文明理论，用国际可以接受的语言向老外讲生态文明的中国故事。

491—500：讲课走进中南海

491）2010 年 12 月初的一天，《人民日报》等全国各大报纸头版头条消息报道，中央政治局集中学习，黄仁伟和诸大建两位学者在中南海怀仁堂讲解从上海世博会看世界发展新趋势新理念。消息传开，领导和同事异常高兴，见面纷纷要求握手，因为最高领导人与我们握过手。这是我教授生涯中最高规格也是不能忘怀的一次讲课。

黄仁伟，1954年出生。1990年毕业于东北师范大学，获历史学博士。现任上海社会科学院研究员、博士生导师，复旦大学"一带一路"及全球治理研究院常务副院长，上海市美国学会副会长，中国国际关系学会副会长。曾任上海社会科学院副院长和历史研究所所长。主要研究领域为国际关系与国际经济，包括中国国际战略、中美关系（含台湾问题）、国际关系理论、国际经济关系等。（摘自百度百科）

492）几个月前，世博会还在进行中的一天，我等六个学者被叫到康平路上海市委办公室参加小型会议，说世博会结束要给中央写报告总结世界发展新趋势新理念，请大家从各自研究角度提出建议。我多次参加过世博会主题论证和研讨，建议从"Better City，Better Life"看世界性的可持续发展运动。

493）当时联合国正在筹备2012年的里约+20可持续发展首脑会议。我说可持续发展是世界发展大趋势，是联合国倡导并被100多个成员国认同的发展理念。我记得世博会主题演绎有过一点波折。国际博览局说，"城市让生活更美好"的主题，需要让参加世博会的世界各国可理解、可接受、有可展示性。

494）我曾经建议世博会闭幕日的高峰论坛主题定为创新与城市可持续发展，现在我建议从可持续发展的角度解读世博会的信息，认为各国展示体现了与可持续发展有关的世界发展新趋势新理念。最后黄仁伟和我有幸被确定为到北京参加讲解的两个学者。学者出身的市委副秘书长说，如果他不是官员，也会争取担当如此重任。

495）我本来就带着研究眼光在看世博会，现在增加了新动力。讲课报告设计为四个部分，黄仁伟准备第一部分背景和第二部分新趋势，我准备第三部分新理念和第四部分启示和建议。先分头研究写稿子，然后汇总磨合，另外有市委研究室派人加入写作组。整个工作在进行中是保密的。

496）分头准备中，我写学术日记的习惯派上了用场。我先从整体上构思好结构，将新发展理念概括为创新、绿色、包容、治理四个部分，然后化整为零每天在学术日记中写一段作为毛坯。我逐个琢磨世博会的城市案例，逐个研读世博会的论坛讲话，从中挖掘有价值的案例和观点。一个多月后整合成为初稿。

497）稿子合成，市里派人参加修改，一字一句进行细抠。几番打磨后，送给中央政研室审查。中央来人到上海请我们两个报告人试讲过堂，顺利通过。主管方面说，你们的准备算是顺利的，以往给政治局学习讲课，需要讲课人到北京关起门来写稿子，上上下下搞上好几轮。

498）讲课的日子到了，我从迪拜参加世界经济论坛的会议提前赶回上海。行前上海的主要领导约见，我们请教讲课会有什么情形、要注意什么。回答说不用紧张，你们是专家，把准备的东西好好讲出来就可。这话管用。平时自己的博士生答辩前有紧张心情，我也经常这么说。

499）讲课那天，我们带着中共中央办公厅的会议通知进入中南海怀仁堂。人员到齐，总书记走出来与我们握手。大家坐下，总书记宣布学习开始，我们俩人先后讲解，领导们同步看印好的讲课报告。讲课结束后总书记又过来与我们和两位上海主要领导轻轻松松聊了一会。

500）这堂课当然深深地刻入了我的记忆之中。2012年党的十八大以来，中央提出经济建设、政治建设、文化建设、社会建设、生态文明建设等五位一体发展观，提出创新、协调、绿色、开放、共享等新发展理念；再后来最高领导人强调可持续发展是解决当代全球问题的金钥匙。我看到我们当时讲的东西与中国发展的大趋势是一致的。

6

出国：501—600

国际化能力强的教授经常有机会出国参加学术会议并附带旅行。我享受这种放飞心情的机会，每到一个地方，会前会后可以进行城市漫游的"五个一"行动和体验。

501—510：出国开会看城市

501）全球人都羡慕，大学老师有寒暑两个长假可以带薪出游。其实，国际化能力强的教授往往还有出国开会带旅行的机会，而做研究有了国际影响力，就可以接受国外邀请不用自己掏钱出国参加会议。过去十多年，我累计应邀出国开会四五十次。被邀请出国的次数多了，才可以算达到了四栖教授的目标。

502）罗索夫斯基在《大学使用者手册》（1990）一书中

说，教授们往往都是积极热情的旅游者，而且他们的生活方式也激发这种正常的爱好。由于会议活动往往是公务和游乐结合进行的，因而出国参加会议也被看作大学教授的一种优惠。借此机会，大学教授到一个新的名胜地区去旅行，然后带着思想严肃的会名载誉而归。

503）国内教授中善于把学术公务与周游世界结合起来的一个例子是复旦大学葛剑雄教授。他的学术活动和旅游足迹涉及世界七大洲数十个国家。其中，2000—2001年被邀请参加中国南极考察队；2011年被邀请参加北极考察；加上自费于1996年去过阿里和2014年去过非洲的乞力马扎罗，在此基础上出版了《四极日记》一书。

504）对我来说，出国开会的红利是看城市。我的读书、读人、读路"三读"习惯中的读路，兴趣所在就是读中外各种城市。我们生长在城市世纪，了解城市、阅读城市是必须。我读城市主要有两个理由，一个是学术的理由，因为全球可持续发展是城市可持续发展的积分；另一个是生活的理由，因为幸福人生四个合适的关键是城市。

505）从学术上看，可持续发展的空间载体是城市，所谓全球性思考、地方性行动。可持续发展有经济、社会、环境三个支柱，表现在城市功能上，大致与城市规划的雅典宪章有对应。经济对应工作和生产空间，社会对应居住和生活空间，环境对应闲暇和生态空间。可持续发展的城市是"三生"协调的城市。

506）出国开会看城市，我的愿景是希望去过中国之外的100个有代表性的城市，特别是G20国家有代表性的城市以及可以与上海对照研究的Top全球城市。2005年以来，我每年平均出国三四次，多年下来去过城市近百个。日后再自费出行补充一些边边角角，目标就可以高标准地达到了。

507）从生活上看，惬意人生的四个合适，即合适的教育、合适的工作、合适的伴侣、合适的城市，其中合适的城市具有整合性的意义。我每到一个地方与人聊天，问在这里生活方便吗？由此展开的话题，就是想知道这里能否获得合适的教育，得到合适的工作，找到合适的另一半。

508）"四个合适"的理论出自美国城市经济学家佛罗里达，这是他的畅销书《谁是你的城市》（2008）的思想亮点。大家应该会同意：人生要如意，三个东西很重要，即接受合适而有竞争力的教育，找到我想做、我能做的工作，有一个可以厮守一辈子的伴侣。佛罗里达有创意的地方是说，找对了城市才会有三个其他的合适。

理查德·佛罗里达（Richard Florida），1957年出生。城市经济学家，主要研究创意阶级和创意城市。现为加拿大多伦多大学罗特曼管理学院教授。1986年获哥伦比亚大学博士学位，1987—2005年在卡内基梅隆大学海兹公共政策和管理学院执教，2005—2007年任乔治梅森大学教授。2002年出版《创意阶级的崛起》一书，提出了技术—人才—包容的创意城

市 3T 理论，该理论被《哈佛商业评论》评为最具突破性的 10 个观念之一。（摘自百度百科）

509）接到邀请出国开会做报告，我的选择标准有四条。一是有没有合适的题目，是否自己有研究可以讲出有意思的东西；二是有没有合适的与会人员，他们是有研究的学术同行，还是更广泛的人群；三是有没有合适的时间，可不可以去；四是是不是合适的城市，最好是没有去过的地方。

510）大多数国际会议是在有大学、有国际组织以及交通方便的地方开。因此纽约、伦敦、东京、巴黎这些全球城市，我已经去过好多次。后来出国参加会议，最有激情的是到这些大城市的郊区如巴黎旁边的凡尔赛和伦敦郊外的古堡，以及没有去过的新地方例如瑞士的洛桑、英国的威尔士等。

511—520：城市漫游五个一

511）诺奖获得者西蒙，在自传中讲了一个"旅行定律"，说出国旅行在知识上要有新发现其实不是真的，这方面的信息，不旅行也可以获得，而且比现场更具有一般性，旅行的主要意义是体验不同的文化和接触不同的人群。我同意这个旅行定律，出国要旅行而不是旅游，旅行的价值不是游山玩水获得知识，而是在不同的场域中丰富人生体验。

512）带着旅游的心态出国，对去过的城市没有用脚丈量过，印象就不会深刻。印度第一大城市孟买，我20多年前就开会去过，当时上下飞机小车接送，住五星级酒店，匆匆去匆匆回。结果不知道从机场到酒店应该怎么走，市中心在什么方位，更没有穿街走巷在平民餐馆吃过饭。去了等于没有去，回来后讲不出所以然。

513）现在出国旅行，除了参加会议的规定动作，我有自己的城市漫游行动计划。每到一个地方，从机场下来就开始五个一的读城体验：坐地铁或巴士或打车，感受当地公共交通；到当地人去的馆子觅美食；逛书店或大学买几本有兴趣的书；如果有老城，摸到老城看看城市基因是什么；去一个有代表性的住宅区看一看。

514）例如，我在2012年到里约参加国际生态经济学大会的五个一体验中写道：来回坐地铁从酒店到会场、从酒店到海滩，搞清楚了里约的城市结构；里约贫民窟居然是在风景美丽的山坡上；里约小书店很多，但是没有像样的英文书店；在里约10多天已经吃惯了by kilo的自助餐；晚上穿着巴西人字拖鞋逛弄堂穿小巷吃冷饮，有点"文革"前上海夏天晚上的味道。

515）又如，我在2013年到日内瓦参加联合国环境署绿色经济会议的五个一体验中写道：没有打的而是坐公交，从酒店到联合国办公地开会；在市中心转了日内瓦老城的小弄堂和弹格路；看了几个房产中介，知道住房价格在100—150万瑞元左右；找到日内瓦最大的英文书店买了四本书；走进市中心一个有名餐馆尝了瑞士风格的海鲜蔬菜色拉。

516）我所谓读书、读路、读人这"三读"，是想实践读万卷书、行万里路、识万众人的古训。在这个基础上，除了择经典写读书100例和读人100例，我有写读城100例的计划。出国开会每天发微博纪实，回来后在微信公众号发一个某年某城行的千字文。10多年下来已经有了几十条出国行，奢望以后出一本学者走世界的书。

517）欧洲的城市去多了，看教堂和城堡不再有新鲜感；美国的城市去多了，对迪斯尼、全球影城、奥特莱斯这样的美式吸引物不再有激情。我不会有审美疲劳的地方永远是大学、书店和老城。此外，也喜欢去看贫民窟、富人区这些有反差的地方，想想反差存在的原因是什么，看看老百姓的获得感是高还是低。

518）出国开会住过伦敦郊区远离喧嚣的古堡，待过巴黎郊区凡尔赛的乡村，看过纽约郊外建筑大师菲利普的玻璃屋。羡慕这些大都市走出中心城区不远，就是一派乡村景色、田园风光。我想到中国城市发展也需要有这样的空间安排，想到上海崇明建设大都市旁边的生态岛、搞长三角绿色发展示范区应该有这样的思路。

519）出国开会许多年，看过的城市近百个，要谈对中国城市发展有什么借鉴，我同意这样的说法：草根生活多样化，是美国城市，经常可以在街头看到出乎意料甚至很出格的东西；市场监管有特色，是德国城市，德国基于可持续发展提出了生态社会市场体制；精细化管理，是日本城市，日本城市给人的最大感觉就是干净和有序。

520）五个一的城市体验多了，对城市发展普适性与特殊性的关系有了相对深刻的理解。两者之间不是一个东西多了另一个就少了；而是越普适性的东西越有特色性。普适性是内在的规律，特殊性是外在的表现，一般的东西总是以特殊的方式存在着、表现着。中国搞城市发展也是同样的道理，越是中国的，就越是世界的。

521—530：坐地铁和打出租

521）对旅行者友好的城市，常常从机场到城里有地铁相连。这样机场出来就不用叫出租排长队，可以跳上地铁，想去哪里就去哪里，有一种自由进城的感觉。与上海对标的几大全球城市中，比较好的是伦敦和东京，相对不方便的是纽约；就一般城市而言，有舒适感的是波士顿与日内瓦。

522）当年我第一次到美国，旧金山机场出来坐地铁到市中心，经过好长一番摸索。现在我出国下了飞机坐地铁，已经老到熟练。有一次从上海飞伦敦，到希斯罗机场已经掌灯时分，开会需要坐火车到西边的卡的夫。我下了飞机刷卡买票坐机场快线，到城里刷卡买票换火车，火车下来再打车，用非常经济的时间抵达开会的酒店。

523）从机场出来到城里，坐地铁不同于打车的好处，是可以把城市的交通脉络和空间格局搞清楚。出国到机场和市中心有地铁连接线的城市，我下了飞机总是在机场里弄上一张交通地图，然后按图索骥坐机场快线到市中心的枢纽站。这些枢纽站是城市地铁网络的重要结点，可以换乘到城市的四面八方。

524）出国住酒店，我常常选在市中心靠近地铁站，可以利用地铁便利随便看看逛逛。有一次到汉堡开会，会议发了一张公交卡，我坐轨道交通去了汉堡的三个圈层。在中心城区，坐地铁去看汉堡大学；在城市郊区，坐地铁去易北河边看特色小镇；更远是坐郊区铁路，转悠一两个小时范围的都市圈。

525）出国周末坐公共交通逛城市，这样的习惯源于20多年前在墨尔本大学访学。一年时间里四分之三的周末，我是一个人的城市漫游者，由近及远跑遍了墨尔本的东南西北。先是用墨尔本特有的有轨电车去中心城市尽头，然后坐郊区铁路去了可以去的周边小镇。多年后带着系里的老师去墨尔本，我熟门熟路当起了导游。

526）后来我去哈佛做访问学者，周末坐公共交通逛城市的习惯进一步光大。波士顿地铁和郊铁便利，我先乘红绿黄橙四条地铁线去了波士顿东西南北，然后用郊铁去了几个有历史意义的地方，包括梭罗待过的瓦尔登湖。与在那里待了许多年的华人朋友聊天，他们说我去过的地方比他们多。

527）对坐地铁逛城市有了感觉之后，我非常认同要用公交引导开发即 TOD 的概念建设中国城市。公交都市应该在中心城市发展地铁和地面公交，在中心与郊区之间发展郊铁，城市之间发展城际铁路和高铁。最后一公里用慢行交通即步行和自行车解决。小汽车可以成为城际交通工具，但是不应该成为城市交通出行的主流。

528）没有地铁的地方不得不打车。如果坐地铁可以读城，那么打车可以读人。出国时，我从机场出来打车到酒店，最享受与司机聊天。有一次在波士顿，碰上一个比国内帝都司机还会侃的海地移民司机。路上聊哈佛聊房价聊老婆，聊早期中国人出国与美国人假结婚弄居留。搞熟了，我后来再次用他的车去机场赶飞机。

529）国外开出租的人大多数是移民，与他们聊天可以听到移民对所在国家或城市的看法。到迪拜去，打车碰到的多为印度人或巴基斯坦人，他们说到迪拜来就是为了赚钱，攒够了钱就准备回国。迪拜国际流动人口多，虽然本地人的社会福利非常好，但是外来者大多数享受不到。

530）与的士司机闲聊，可以第一时间对新地方形成印象。有一次到罗马，司机一路的话题是谈他漂亮的老婆，说其他可以借就是老婆不能借的坊间大白话。他自称是天下最nice的司机，听我说第一次来罗马，驾车带我到斗兽场等景点外围看了看。我从这个司机领略了意大利人的浪漫与好客。

531—540：当地餐馆觅美食

531）达沃斯小镇的晚上，在一个有名的地方餐馆，我点了一个阿尔卑斯山山地特色菜，要了一杯啤酒，一个人坐在那里慢慢品味。本来晚上是世界资源论坛的会议宴请，但我选择自己掏钱在这里猎奇。餐馆幽静，客人主要是当地人，我享受这样的场景和情调。找当地餐馆觅美食是我的出国体验五个一工程之一。

532）这个习惯最集中的体验是2005年在哈佛。当时我选择住在老外家，不做中国饭，周末找馆子品尝当地美食。1994—1995年在墨尔本访问的时候有愿望没有钱，喝喝卡布奇诺已经很小资。现在不一样了，半年时间里，我差不多吃遍了大波士顿有名的新英格兰系餐馆，包括当地有名的大龙虾。

533）出国开会十多年，上馆子觅美食的经历有许多，最精彩的有这么几次。一次是法国凡尔赛大学邀请开会讨论可持续发展与大学发展，住在巴黎郊区凡尔赛的农庄酒店。旁边是一个古色古香的村子，村口有一个乡村餐馆。晚上走在乡间小道上，从酒店到餐馆吃鹅肝，昏暗的灯光，家常的气氛，特别有情调。

534）在这种波西米亚的法式场合吃饭，我当然要有仪式感，点菜吃饭要有标准的三件套。记得那次开场要了洋葱汤，主菜是特色乡间鹅肝，前有开胃酒，后是红葡萄酒，甜点叫了有乡土味的舒芙蕾（souffle）。那一次我知道了法国人没有吃甜点，就不认为是正儿八经的吃饭。

535）到英国开会，正餐吃饭属于简单粗暴类型。但是有两样东西我吃得津津有味，一个是英式早餐，一个是 fish and chips。在国内外住星级酒店，吃英式早餐是常有的事情。唯独 2007 年到伦敦，早上走出酒店混在上班族中，在马路小巷吃英式早餐，感到有一种特别的英伦味。

536）喜欢 fish and chips 始于 1994—1995 年澳大利亚访学。有一次澳洲同事驾车邀我一起到山里过长周末。深夜开车肚子饿了，在加油站买来 fish and chips，蘸着番茄酱，吃起来特别香。据说上海人以前常吃的面拖黄鱼就是由此而来。现在每次到英国，我总要找最有代表性的地方重温这个招牌餐。

537）2005 年在哈佛，一次周末，在波士顿土生土长的房东，驾车带我到缅因州沿海一带转悠。午餐在一家著名餐馆吃新鲜打捞的大龙虾，房东说这样的龙虾在波士顿吃要贵好几倍。我们一人点了一个大龙虾，房东拿出相机给我照相，留下了一张我戴着肚兜兴致勃勃吃龙虾的照片。

538）有了那次经历，以后每次去美东地区的城市，不管自己上馆子还是有人请客，我点菜经常首选缅因州大龙虾。一次被邀请到联合国总部讲中国城市可持续发展，会议很成功，组织者很高兴，会后请客问喜欢吃牛排还是龙虾，我说还是龙虾好。于是几个人到纽约最有名的龙虾店去饱了一次口福。

539）谈到去日本喜欢吃什么，我对寿司这样的冷饭团不以为然，而是对乌冬面情有独钟。每到日本的一个城市，我都要找到当地有代表性的餐馆吃一次乌冬面。如果去东京，就寻觅到人丁兴旺的鱼市场，品尝由各种刺身组成的海鲜乌冬面，加上天妇罗和青梅酒，吃得很舒服、很尽兴。

540）其实乌冬面一度是我出国生活解决中国胃的替代品。2005年在哈佛半年，住在老外家，决定不开油锅不做中国饭。早上是牛奶面包加鸡蛋，中午在学校吃三明治，晚上回到住处拿出一周一次从超市或唐人街买来的乌冬面，把面弄熟了弄上一些浇头当晚餐，可以吃得有滋有味。

541—550：逛书店是必须

541）出国开会十多年，我可以对世界上许多城市的英文书店娓娓道来。国外开会有空隙，我最想做的事情就是逛书店。到英文书店觅书买书，我永远有乐趣，有的时候可以买上上百美元的新书抱回来。出国买书是性价比最高的收获，买到好书，回来用在讲演和写作中，成本就收回来了。

542）出国逛书店买英文书，最有收获的当然是纽约和伦敦，那里有最大的英文连锁书店，去了不会空手而归。去过纽约、伦敦许多次，每次下飞机到酒店，安顿好了以后，我会在前台弄一张周边地图或者在手机上打开Google，找到Barnes & Nobel或者Waterstone，然后直奔而去在那里度过第一天。

543）伦敦逛书店要去查令十字街，最爱的书店是Foyles和Blackwell。Foyles有sustainability专柜，不用像在其他书店大海捞针寻寻觅觅，每次到这里，都能发现好多自己想要的书。伦敦和纽约的书店常常很时事。2008年金融危机，巴诺书店一进门就陈列了许多可持续发展与绿色新政的书。

544）买学术性强的书要去大学城市。如果开会是到哈佛和MIT所在的波士顿，耶鲁所在的纽黑文，英国的剑桥和牛津，澳大利亚的墨尔本等地方，就是我逛书店大饱眼福同时大掏钱包的时候。我家中的英文书架上，学校图书馆没有的许多原版学术书，很大部分是这样买来的。

545）在德国、法国、意大利等欧洲国家城市，找纯粹的英语书店不容易，但是荷兰是例外。有一次去阿姆斯特丹，先在荷兰语的书店转悠，然后打听到市中心有一个很大的美国书店。我摸着地址找过去，果然全是英文书，如饥似渴泡了大半天，抱回来一堆新出的原版书。

546）如果欧洲城市有世界著名的大学，那么在大学书店也可以发现有用的英语书。家里藏书中看过许多次的Common《生态经济学》一书，是在洛桑理工学院的书店发现的，虽然要80多瑞元，但却如获至宝买了回来。另一次，在汉堡大学书店橱窗，我看到一本谈无限增长不可能的新书，可惜周末不营业，只好遗憾离开。

547）东京与纽约、伦敦一起被称之为世界三大全球城市，但是东京的英语书店不很发育。我第一次到东京，花了大半天时间把大名鼎鼎的神保町书店街从头走到尾走了一遍。没有见到专门的英文书店，有的大书店英文书还比不上我自己家中多。一些书的题目很吸引人，可惜都是日文。

548）亚太地区城市要逛英文书店，主要是原来的英联邦国家。去过马尼拉与曼谷，住在市中心，发现那里有好的英文书店。很多年前在曼谷，不到10美元买到一本从范式变迁看管理的书，在其他地方没有见过，到现在也觉得很新意很有用。而马尼拉下榻酒店对面就是大书店，住了好几天，去了好几次。

549）到台北和香港开会，诚品书店与美国的巴诺书店和英国的水石书店有一拼。20多年前，我第一次到台北开会，觉得诚品书店既时尚、书也多，第一晚就从诚品买回来几千新台币的书。以后每次到台北和香港，只要到酒店的时间不太晚，安顿好后就会直奔诚品，到半夜抱了一堆书回酒店。

550）在台北和香港逛书店，有特色的是买英文书中译本。两个主要的理由：一是出版时间有些会比内地城市快，欧美最新的英文书特别是学术书可以很快见到翻译版；二是翻译过来的书常常保留注释和参考文献，这对搞学术的人很有用。因此同样的书，我常常有了大陆版，还买港台版。

551—560：大学就是吸引物

551）我是骨子里的大学动物，对天底下的大学有亲近感。被邀请出国开会，游大学就是我的微游学，总要看看开会的城市有没有大学特别是有名的大学。如果有，就想方设法去转悠，放弃会议组织的一些旅游活动。我游大学，一看校园，二看书

从青椒到思想者：教授的台阶和乐趣

店、图书馆和博物馆，三看大学有哪些名人和有趣的故事。

552）游大学是享受，始于第一次出国在墨尔本大学做访问学者。一年时间里，在老文科钟楼的办公室看东西写东西累了，就到校园里去走一圈。中午吃饭，常常坐到外边的草坪上，吃完了看着如画景色发发呆。墨尔本大学的校园似剑桥和牛津，有许多花园式的住宿学院，我差不多逛了个遍。

553）后来到哈佛半年，在大波士顿地区逛大学成为我的必修课。平常在剑桥，每天要在 Harvard Yard 来回好几遍，周末时间则徒步去河对岸的哈佛商学院和更远的哈佛医学院、公共卫生学院。其他时间里，不仅多次去过 MIT，还去了 Tufts 大学、波士顿大学以及希拉里读过的韦尔斯利女子学院。

554）罗索夫斯基在《大学使用者手册》中写道，优雅安静的大学校园是送给大学教授的额外红利。每天上班穿过人来车往的马路，穿过热闹喧哗的商店和住区，进入大学校园就像进入世外桃源。我非常欣赏这个说法。其实，城市有工作、居住、闲暇三种功能，大学校园是整合三种功能的第四空间。

555）大学与城市的空间关系可以分为三类，城市中的大学如墨尔本大学、哈佛大学、纽约大学和哥伦比亚大学等，这类大学有的与街区没有严格分界；大学中的城市如耶鲁与剑桥，这类大学常常形成独立的大学城；城市外的大学如普林斯顿和韦尔斯利女子学院，这类大学建在离开城市较远的地方。

556）远离城市而建的那些大学，犹如深山老林的庙宇，有神秘感和清高感。去过新泽西的普林斯顿和波士顿郊区的韦尔斯利，那里的宁静与美丽是其他大学不能比拟的。这是大学给予教授的特殊福利，领悟到普林斯顿与爱因斯坦的相对论遐想、韦尔斯利与希拉里人格气质的相关性。

557）逛大学，我最喜欢去那些世界级的图书馆。墨尔本大学和哈佛大学，他们的图书馆历史悠久且藏书海量。在那里访学的年月里，不管借不借书，我一有空就去图书馆，从总馆跑到分馆，东看西看可以大半天。我逛图书馆，不只是借书和看书，而是图书馆本身就是目的地。

558）欧美不少大学图书馆欢迎外人参观。我到耶鲁环境和森林学院讲循环经济，特地跑到学校图书馆与哈佛图书馆做比较，朋友帮我拍了一些貌似在耶鲁做研究的照片，很有在地感。但是也有一些大学图书馆不欢迎外人参观。去纽约联合国总部开会，兴致勃勃跑到哥伦比亚大学和纽约大学想看图书馆，却被告知外人不能进，突然感到大学之间的社会气质其实是不一样的。

559）在国外逛大学，常常可以浮想联翩。从大学想到代表大学符号的那些名教授、名学者，想到许多类似哈佛与MIT 的同城双雄之间的竞争，想到现代大学的发生发展及其对西方文明的意义。特别是想到欧美大学与中国学人的关系，想到 1847 年容闳出国和西学东渐以来中国几代学者和教授的故事。

560）搞企业关注世界 500 强，当市长关注全球杰出城市，当教授关注世界名校前 100。出国开会这种日积月累的微游学，使我对英美、欧洲大陆、亚洲三个区域的名校有了更多的比较和思考。奢望有空的时候，我可以整合手中的材料，写一本从国外逛大学看中国几代学人和学术发生发展的书。

561—570：东逛西逛去猎奇

561）出国看城市，除了逛书店、逛大学，我总是东逛西逛去猎奇，希望有一点别人没有的体验。穿街走巷我有探索性和方向感，这与原来学地学有关系。回来与人聊天，我不会讲如何看教堂，如何看城堡，如何到奥特莱斯购物，而是讲用脚步丈量城市得到的独一无二的经历。

562）走过国外许多城市，发现大多数新城都一样的无人和无趣。这个印象最初来自 1995 年在澳大利亚，元旦长假去堪培拉，诧异这个人造的首都城市有那么多新地标，却没有人气。后来去过许多国家的新城，最新一次是在贝尔格莱德，发现除了销品中心，新城好像都是没有什么故事的。

563）反过来，到一个城市的老城，不管规模大小，不管历史长短，总是会感到城市是有温度的。印象最深的是瑞士，虽然这里的城市大大小小不一样，大者如苏黎世和日内瓦这样的全球城市，小者如达沃斯这样的山中小镇，但走在马路上，好像每一栋房子、每一个地标都在述说动听的故事。

564）到巴西里约、南非约翰内斯堡和开普敦、印度孟买，看那些世界闻名的贫民窟，发现物理条件很差，但居住其中的人却有平静感。后来读到美国经济学家格拉泽的书《城市的胜利》（2010），解释说贫民窟是城市有活力的表现，是进步而不是退步，因为住在贫民窟的人比原来居住的地方，生活水平大大改善了。

565）看富人区是另外一种体验。2013年去汉堡，会议结束后我坐地铁乘20分钟到城市尽头的Blankenese，穿穿古老幽深的弄堂，尝尝农贸市场的蓝莓，看看人们在易北河边散步、遛狗、发呆，在1773年建立的餐馆品味德国芦笋，体会了一把汉堡大都会旁一个古老富裕小镇的安逸。

566）出国去过的最神秘的地方，是到泰国皇宫看泰王普密蓬。参加联合国大学在曼谷举行的会议，要给泰王颁发名誉法学博士学位，我与一部分与会者有幸被邀请进皇宫见泰王。泰王逐个与大家握手，轮到我时用英语交流，得知来自上海，泰王说他年轻时去过上海，上海现在发展不错。

567）在哈佛访学，肯定要去看瓦尔登湖和梭罗小屋。去了一看，才知道瓦尔登湖和梭罗小屋之小，与梭罗的书在世界上的声望不可相比。更有意思的是，我发现瓦尔登湖及其周围开发很严重。后来看到格拉泽在《城市的胜利》一书中说，梭罗的自然主义不是保护环境而是消耗环境。

568）20年前我在澳大利亚访学，元旦长假一个人坐灰狗从墨尔本去悉尼与堪培拉，那是典型的穷游。到堪培拉晚上没有找到合适的酒店，太贵的住不起。东找西找看到 Casino 开着，24 小时营业。于是决定混在那里过夜，装模作样玩这玩那，挨到天空露出鱼肚白就撤退了。

569）在澳洲访学，最难忘的是一次长周末野外度假。办公室女同事与前夫开车到山里去，邀我同行。他们虽然已离婚，仍经常交往，在山里买有一块土地。一路开车玩过去，经过海滩就游泳，到了溪边就玩水，肚子饿了买甜甜圈和 fish and chips。到了山里，捡来柴火烧水热食，住在废弃的房车里。

570）出国最早是在澳大利亚，当时我碰到的 cultural shock 也最多。一个周末，同事 Doug 夫妇邀请我到他们的郊外住处去度假，同时叫了他们的一个女朋友前往。吃过晚饭，Doug 夫妇不知去了哪里，留下我与那位女孩在火炉前聊天。聊到深夜不见 Doug 夫妇介入，后来有人说这是澳洲人周末休闲的一种特意安排。

571—580：出国开会坐商务舱

571）出国开会，目的地看城市是一种乐趣，坐飞机、逛机场是另一种乐趣。国外请嘉宾开会的款待之一是安排坐商务舱。特别是参加联合国和欧盟等国际性组织的研讨会，飞行时间超过 6 小时，有规定必须给嘉宾提供商务舱。不过最近几年来，国内二级教授出国开会也可以报销商务舱了。

572）被邀请出国开会许多次，最奢华的旅行是到迪拜和阿布扎比参加世界经济论坛全球议程理事会。阿联酋政府提供了特别的安排：参会代表网上办理机票和签证，不用去使馆；来回安排阿联酋航空商务舱，有豪车接送；住波斯湾旁五星酒店，享受休闲生活……这可以说是有钱可以任性的国家营销。

573）如果问我出国坐哪个航空公司的商务舱为好，除了直接飞纽约、伦敦、巴黎，如果去欧洲非洲要中转，我多半选阿联酋航空和芬兰航空。老牌的法航、汉莎以及荷兰等航空公司，性价比通常较少竞争力。阿联酋航空总部在迪拜，四通八达，地理位置有优势，软硬件不断提升。我坐过多次，感觉服务能力比较好。

574）在浦东机场，国外航空公司大多与中国的航空公司分享贵宾候机室，阿联酋航空却有自己独立的贵宾室。头等舱和商务舱的乘客，在起飞地和到达地，可以有免费专车上门接送，虽然是羊毛出在羊身上。我用过几次，不管国内出发如上海，还是国外返程如巴黎，都一叫就来，很方便。

575）来来回回坐过几十次商务舱，要问机上最出乎意料的服务是什么，我会说绝无仅有的一次是，维珍航空提供机上简易按摩服务，后来再也没碰到过。当然额外服务比较多的仍然是阿联酋航空，空客380的商务舱有迷你酒吧，给乘客拍照留念；商务舱乘客到了迪拜，安排有快速通道过边检。

576）飞机上的餐饮是商务舱有附加值的服务内容，我每次都新鲜体验、尽情享受。正餐主食有三种以上选项，正规而有仪式感。欧洲一些航班有法餐，有的甚至配有米其林星级厨师。至于中餐，中国航空公司当然是高水平，但是新加坡航空也鹤立鸡群。各国航空机上饮食百花齐放有一拼的是酒和饮料。

577）许多人出国长途飞行怕时差，飞机平飞后就开始睡觉，一直到快到时才起来。我坐商务舱，照例也应该放松一番。真实的情况是，去的时候是不敢睡觉，因为要为开会作报告梳理思想和润饰发言内容；回来的时候是不想睡觉，任务完成了可以在飞机上看书或者看电影放飞心情。

578）其实出国开会人家出钱让你坐商务舱是有压力的，因为请你的目的是做报告，做不好报告就讲不过去。这样一想，我常常夹紧尾巴，把商务舱当作书房和办公室。有一次去阿姆斯特丹开会，第二天早上我第一个发言，飞机起飞后我就一路修改 PPT，直到飞机快到的时候才歇手。

579）回程路上最高兴的事情是，能够买到几本原版的英文书带回来。只要开会去纽约和伦敦，每次都能够买到上百美元的新书，心满意足踏上回程的飞机，然后坐在舒适的商务舱一本接一本开读。十几个小时下来飞机到了上海，那些书也差不多被我翻完，甚至想好了讲课写文章的时候如何用。

580）如果没有买到好书，那就在飞机上看新出来的电影大快朵颐。我在家里有周末看电影的习惯，只是有的时候看不到最新的欧美电影，坐商务舱正好有机会。逮着好片子我会一部接一部看上好几部，反正饿了有现成饭吃。这也是我的解决时差之道，宁愿让自己累着不要闲着。

581—590：逛机场的乐趣

581）出国坐飞机，逛机场是旅途中的一大乐趣。我看过英国人写的在希斯罗机场生活的一本小书，把在机场逗留写得趣意盎然。在国外乘飞机，不管大机场还是小机场，我不会踩着点赶飞机，常常是早早去机场，办好登机牌，在机场里走走看看，看得没有什么新东西了，然后才坐进候机室。

582）许多人逛机场是去免税店买烟酒和化妆品，我逛机场是把机场本身当作吸引物，看看机场里的各色人群，体验机场的异国情调，顺便买些有意义的东西带回来。如果问我去过的机场中最喜欢的头三名是谁，我会说伦敦希斯罗、迪拜和苏黎世，纽约肯尼迪和巴黎戴高乐不在其中。

583）对于伦敦希斯罗机场，我已接近滚瓜烂熟。第一次到希斯罗，是哈佛访学期间应伦敦经济学院城市时代项目邀请，从波士顿回上海开会。那时候还没有去过伦敦，我反向越过大西洋回上海，特意选择从希斯罗机场中转。在希斯罗吃英式早餐，在机场冲澡休息，有了第一次印象。后来多次到伦敦开会，其中一次特地选择住在希斯罗旁边的酒店。

584）以往去欧洲，我经常走北线经巴黎、法兰克福或者赫尔辛基中转，最近几年我喜欢走南线在迪拜和阿布扎比转机。喜欢在这里的机场楼里转悠，浏览一些预期非预期的东西。也喜欢享受这里的商务舱休息室，环境优雅，空间宽敞，美食诱人，看着这些机场的竞争力在增加。

585）新加坡樟宜机场和香港机场，是中国到欧洲和非洲转机的重要枢纽，但是对我来说好像吸引力不大。樟宜机场好玩，很多设计是面向小孩的；香港机场商业味重，机场书店那些八卦书让人觉得格调不高。有一段时间我担任香港上市公司的独立董事，经常需要去香港开会，我一般是压着点才去机场。

586）我对戴高乐机场和东京机场有遗憾，很大原因是没有英文书店。两者号称国际大枢纽机场，英文书却少得可怜。有时候没有机会进城市，我逛机场希望有英文书店可以买到有意思的书。对我来说，机场少了英文书店，就少了许多激情和吸引力，巴黎和东京似乎不应该是这样。

587）利用机场做国家营销和城市营销的现象，在中东机场经常遇到。在迪拜中转，总是可以额外发现有趣的东西。有一次看到机场有展览，展示迪拜与迪拜机场是怎样迅速发展起来的，从中看到许多砸钱的故事；另一次看到机场里有棕榈型楼盘在做营销。这正契合我从机场看城市的欲望和好奇心。

588）我一直想去俄罗斯，但是到现在也没有去过，那边国际会议开得少。一次去瑞士达沃斯开会，我特意搭俄罗斯航空在莫斯科中转。俄航飞行员起落猛，果然开飞机如开战斗机。但是莫斯科机场地勤服务却效率低下，上下飞机秩序差。印象深刻的是商务舱休息室搞得像在俄罗斯贵族家。

589）出国出境在机场买点吃的东西带回家，对口味的是日本和台湾机场。每次到日本或者台湾开会，回程我都要留出时间好好在机场转一转，买上一堆日本和果子或台湾凤梨酥回来。日式点心做得有艺术性，吃起来符合中国人的口味，全家人会连着几天当早餐，喝白粥就酱菜或豆腐乳，美味无比。

590）如果到波罗的海国家开会或者回国从赫尔辛基转机，我会在机场里买点北海三文鱼回上海。从赫尔辛基或者阿姆斯特丹机场买回来的三文鱼，价格不便宜，但是新鲜、肉肥，全家人都吃得很尽兴。去欧洲开会，从巴黎、日内瓦、苏黎世、米兰、罗马等南边一点的机场回国，就少有这样的收获。

591—600：长途转机多故事

591）出国长途飞行，如果没有直达航班，虽然选择没有去过的城市转机有乐趣，但是转机时间很紧或者考虑不周，就会有风险。我的教训和体会是：中转换乘一定要留足时间，否则耽误事情了会有一连串的麻烦；转机城市最好是大公司的主场，小公司碰到问题找不到人；如果转机不是同一航空公司，行李最好随身走。

592）2015年我从日内瓦经苏黎世回上海有过一次惊险。我坐 Etihad 航空，去程从上海经阿布扎比飞日内瓦还顺利，返程从日内瓦到苏黎世中转再飞阿布扎比却出了问题。从日内瓦飞苏黎世是小飞机，延误后停在外围，接驳车送到航站楼，已经用去一些时间。我跑到转机服务台，却没有人服务。

593）问题源头还是因为我的好奇。本来邀请方给我订机票有两个选择：坐 Emirates，来回迪拜中转，比较牢靠；坐 Etihad，来回除了阿布扎比中转，返程要从苏黎世倒飞机，在那里通过边检。坐 Emirates 去过迪拜多次，坐 Etihad 经阿布扎比却没有经历过，我想尝新和探奇，没想到因此出了情况。

594）糟糕的是当时我在苏黎世机场里找不到 Etihad 公司的人，日内瓦登机由其他公司代理，没有中转登机牌；苏黎世转机服务台没有人服务；忙乱之中出机场找到 Etihad 登机柜台，被告知机舱关门就走人了；到售票处找人，位置上是空的，只有联系电话；好不容易打通，回答说人在伦敦无法解决问题。

595）原航班起飞后，我继续打电话，想当然地以为改签应该没有问题。找到一个像是负责的女生，她人在芝加哥隔空对话谈改签。回复是没有赶上飞机，责任是我而不是航空公司，改签手续费比买新机票贵；说继续坐他们的航班回上海，不如重新掏钱买机票。我听着傻了眼，知道到这个份上，跟他们再说没有用，赶紧电话邀请方求助。

596）邀请方与 Etihad 公司交涉，对方总算同意改签，但是说两天里没有商务舱了，即使经济舱也要到明天，这样就要在苏黎世找酒店住一夜或两夜。我在机场等待中，问其他公司有没有现在可以走的机票，实在不行准备自己掏钱。邀请方又来电话，说另外买了法航当天飞巴黎再从巴黎飞上海的商务舱机票。

597）喜出望外解决了机票问题，我突然想到日内瓦登机时挂在 Etihad 航班直运上海的行李。找换乘的法航登机柜去问，又吓出一身汗，说行李是跟人走的，如果人没有上机，一般要放到失物招领处。法航帮我打电话询问，我提供行李票和线索，果然在失物招领处。我放下心来以为拿回行李应该很容易，再次证明是错了。

598）麻烦的是，失物招领处在到达大厅内，保安拦住外边人不让进。按电话呼叫，一撅再撅没人接。眼睁睁看到离开去巴黎 check in 的时间又只有一个小时了。再耗下去会出问题，我几百米冲刺奔回瑞航买票柜台请他们打内线，约好五分钟后门口见。我又一阵接力跑，终于进了门找到自己的行李，亲了又亲。

599）一场惊吓之后，坐进法航从苏黎世飞巴黎的舒适的候机室，我长长呼出了一口气：想到如果行李扔在苏黎世机场失物招领处不亲自找，不知道最终是否能够回到身边；想到出国许多次，这样的情况从来没有碰到过；想到除非以后从上海直飞阿布扎比，以后大概不敢再碰 Etihad。

600）事情过去许多年，现在说起来我的心情倒是有点潇洒起来：因为有了一段 Etihad 的不走运，才有了后来坐法航从苏黎世到巴黎回上海的新经历。人的运气有守恒定律，好运与坏运常常一起来，就像半杯水有空有满，关键是你怎么看。出国旅行一帆风顺没有刺激，有风险又得到破解才有意思。

7

网文：601—700

个人发展管理要有两条曲线，在第一曲线出现拐点以前要培育第二曲线。多年前我开始写学术网文，觉得互联网时代可以将自媒体写作者和思想者作为教授生活的增长点。

601—610：目标是自媒体思想者

601）英国管理学家汉迪说，个人发展管理要有两条曲线，在第一曲线出现拐点以前要培育第二曲线。互联网时代，大学教授把写网文当作人生发展新曲线的一个例子是哈佛教授何毓琦，他说哈佛大学是他的第一份事业，退休后在清华大学带博士是他的第二份事业，给科学网写博客是他的第三份事业。他把自己的博客文章编辑出版了一本书《科学人生纵横》（2009）。

602）我对写学术网文有兴趣始于 2005 年，先是写博客，后来是发微博，再后来是搞微信公众号，到现在已经持续了 15 年。开始是写着玩，写着写着逐渐把写学术网文当做了教授生活的增长点。这样做有外部的激励因素：现在许多人看到我，第一句话常常说喜欢看我的自媒体文章。

603）有人说网络时代粉丝就是定价权。前几年"学术中国"推出高校名人网络关注度排行榜，我在 200 强中排第 34 名。以微博为例，2011 年以来我发微博接近 9000 条，平均每年 1000 条，吸引网友粉丝 5 万多，平均每条微博粉丝获得率 6 个以上。我的自媒体文字看起来对网友粉丝有一定吸引力。

604）2005 年到哈佛做访问学者，我捡起以前写日记的习惯，准备回来出本书。那时博客兴起不久，我选了一些学术日记发博客。发了几次觉得好玩，从此停不下来，后来与时俱进从博客搞到了微信。现在每天早上醒来，第一任务是发 1 条微博 3 条微信朋友圈，有兴致的时候再加 1 条公众号。

605）同事说我当教授很时尚，研究可持续发展把冷门做成了热门，发微博微信做成了学术网红。我同意德鲁克更加高大上的说法：知识工作者应该发展成为完整意义的"人"，学术人生要从单一维度走向多元维度。互联网时代，写学术网文是对教授生活的新拓展和新乐趣。

606）《世界是平的》作者 Friedman 说，自媒体是智能化时代每个人需要掌握的生存手段，未来人生的一半以上时间是与互联网打交道。现实比预言发展快得多，许多人当下就已经须臾离不开互联网。面对这样浩瀚的蓝海，做一个自媒体时代的写作者和思想者，看起来可以成为教授生活的诗与远方。

607）我年轻时有文学爱好，以前想空下来可以写小说，现在觉得做自媒体写作者，既有时代意义又切合教授人生。一方面，我们这代人经历的社会变化多，写写那些非虚构的经历和故事，应该是有趣的事情；另一方面，写学术网文每天做脑力健身操，附带的红利是可以预防老年痴呆症。

608）写网文与文学爱好不会有矛盾。我喜欢读王蒙那种有思想浓度的小说和随笔，有一种浓妆艳抹之后的大道至简美。有人说，当作家一是靠经历，二是靠文笔。我说，写网文一是靠经历，二是靠思想。以"教授加文青"的角色写网文，要用有趣的文字，讲有趣的故事，有有趣的思想。

609）当教授做学术网红，与娱乐为王的那些网红不是一回事。我理解的学术网红是褒义词，应该是集术有专攻和社会影响为一体的思想者。当下网络基础设施建设很快，内容发展却跟不上，技术很发达，思想有稀缺。我写自媒体文字，当然希望对饭圈网友有思想和哲理的吸引力。

610）现在当教授，我的主要时间用于线下的讲课和做研究，写网文是练手。以后退休了，可以有更多的时间、更专门的精力用于线上的写作和交流。自媒体发展现在仍然处于初级阶段，5G时代会有更多不可预料的新发展。在这个充满想象空间的新边疆，未来会有许多事情可以做。

611—620：学术日记发博客

611）2005年到哈佛访学半年，我每天写学术日记记录所看所想，回来后出了一本书《大学与城市》(2007)。后来自己的研究所搞网站，学生建议设一个诸教授专栏，选择一些哈佛日记上网发博客，我就试着发了几篇。没想到一拨博士研究生和年轻学者很喜欢，就这样开始了自媒体写作的经历。

612）哈佛日记，我是用心写的，本计划出完书就歇手，后来觉得一事一议写日记很有趣，一鸡两吃发博客也很有趣，就一直写了下去，结果一写十年出了10本学术日记。本来是写学术日记为主，发博客是附带，后来写日记成为发博客的前奏。每天起来吃完早饭，第一件事就是写日记，写完后决定是否可以发博客。

613）写日记是给自己看，发博客是给别人看。我写博客给人看，一开始就有自己的想法：一是大众博客谈风花雪月，我想我应该搞一个小众化的学术博客；二是许多人说博客文字碎片化，那么我就做系列性的东西；三是人们看博客有窥视欲，我写博客要有学术思想背后的故事和花絮，娱乐自己娱乐他人。

614）写论文要有理，发博客要有趣。用博客写学术是把有理与有趣结合起来。我从小喜欢看小说，读小学的时候到上海市少年宫参加过儿歌创作比赛，下乡插队当业余作者写过诗和散文。现在写博客，一方面调剂脑袋轮换左右两种思维，另一方面可以再续年轻时的文学爱好。

615）把博客写生动，最初没有想到要圈粉。我的博客是在自己的网站上发，受众首先是自己的学生和同行。我用通俗的方式讨论学术问题，用意是换一种方式引起学生和同行的关注和讨论。后来发现深入浅出的文字本身就是吸引力，因为许多网友粉丝不是因为我的研究领域而关注我的。

616）有人说网络文字是碎片化思维，我写博客从来没有这样的感觉。我常常围绕一个题目写出一组10篇的博客，用为什么、是什么、怎么做的逻辑组织和展开。学生和网友喜欢这样的系列文章，有人等我把一个系列写完就成集打印出来留藏。有人说这样每天追剧似地读博客，也是蛮有味道的。

617）我写学术博客，有的时候是作为学术写作的半成品。有报纸杂志约稿，我常常写成初稿先发博客，一篇稿子弄上三次就可以像模像样投出去。第一稿是日记，第二稿是博客，第三稿是加工成为可以正式发表的文章。久而久之，写东西越来越轻松。后来写学术综述文章，也常常化整为零从博客开始。

618）写学术博客，给自己给他人提供了窥视思想如何产生的乐趣。所谓学者也有窥视欲，没有任何贬义，是说学者做研究常常不仅要吃鸡蛋，还想知道蛋是怎么生下来的。我当年读研究生报考科学哲学与科学史专业，就是因为研究板块学说，对其中许多科学思想的产生和来龙去脉感到好奇。

619）我博客中的许多看法，在上课和论文中多多少少有提到，有增量的东西是交代这些思想是怎么产生的。WWF 的一个博士读到我的学术日记《大学与城市》，说这本书太有意思了，就像晚上透过关闭的窗帘看到房间里的人在干什么。我的博客常常交代这样的故事，满足一些朋友的探秘心理。

620）研究所网站搞得早，时常出故障。我曾经想把自己的博客转移到新浪，可惜博客上的互动信息要遗弃，没有舍得这么干。终于有一天，网站彻底打不开了，我不得不停发有 10 年历史的博客。两年后，我在微信上设立公众号，把原来发博客的学术日记转移过来，开始每天发公号文章。

621—630：微博 140 字有重点

621）2011 年我开始发微博，每段 140 个字，重点是写当天的读书、读路和读人。俗话说，读万卷书，行万里路，我加了"识万众人"和"发万条博"，所以写微博的材料来源是"三读"，目的是从三读谈感悟。每天平均三条，一年近千条，10 年下来上万条，我想坚持下来思想收获会不小。

622）当教授做学者的视野有多大，我自己的标准是看"三读"组成的三角形的面积有多大。三角形的三条边由读书、读路、读人组成，因此读书、读路、读人越多，三角形面积越大，视野和能耐也就越大。关键是三条边缺一不可，如果少了其中一条，合不起来，面积就等于零。

623）写读书是微博重头内容之一。学生和同事说我是读书最多的人，喜欢讲我作为读书分子的一些段子：到闹市去，有同事看到我在书店看书，两三个小时转回来看到我仍然在那里不动；出国逛街我可以不去景点和奥特莱斯，但一定去书店；讲起纽约、伦敦那些书店，我可以娓娓道来如数家珍……

624）读书是我不断有东西可以写的源泉。我从自己读过的书中精选，在微博上写了诸教授读群书100例。后来被学院MBA拿去转发，也被上海某软科学研究所的网站拿去刊发。还有一个同济校友办的文化传播公司，请我做诸教授读群书的视频节目，每周一书成为热点节目，前后播了将近两年。

625）写读路是微博重头内容之二。我每年因公因私出国好几次，10多年无间断，成为微博读路的重要素材。每次出国写十条微博集1400字，用"××年××行"做标题，谈学者游世界的所见所闻。内容从觅美食、看房价到逛书店、逛大学，再到转悠贫民窟和富人区五花八门谈感悟。

626）学者游世界，我有一个小目标：坐飞机走遍G20国家，去中国之外有代表性的100个城市；乘邮轮坐遍世界上的主要邮轮线，去南极、北极和地球海岸线上的边边角角。各种读路的即时体验在微博上留下来，以后汇总起来可以加工成为一本教授出国100例的小书。

627）写读人是微博重头内容之三。天底下没有两片树叶是相同的，我觉得看各种各样的人如何做自己特别有意思。

读人写人要有故事有细节，这是与做研究发论文不同的思路。如此这般，生活中就平添了许多去发现去比较的挑战和乐趣。读人也可以写上 100 例，以后写成一本书。

628）例如，杨小凯文革没有上过大学还坐牢，无法想象后来出国读博士当教授会被提名为诺贝尔经济学奖候选人；例如，在世界经济论坛与某经济学大咖同组，听他高谈阔论不会想到他当年从台湾游水到大陆后来学术报国的传奇；例如，一个女博士生论文写完了，却放弃答辩说要去研究占星术，我琢磨是什么动机让她做出这样的选择。

629）每天发微博，当然不是简单的记述，而是通过读书、读路、读人谈自己的感悟。老话说三人行必有我师，我则是发微博必有我思。每天晚上上床睡觉，我会反刍当天经历的人、书、路，想想一天下来有什么收获和发现，如果有好的感悟，第二天早上醒来写微博就有了好材料。

630）写微博有自己的特色和追求，就会有成就感。到现在为止，我的微博平均每条得到 20+ 的点赞、评论和转发。有几次看到有 10 万 + 的阅读和点赞，当然是受宠若惊了。点赞、评论、转发多的，往往是我那些有个人色彩的学术鸡汤。想到学术微博只要真正有自己的思想和洞察，还是可以吸引人。

631—640：微信朋友圈一句话图文体

631）我发微信朋友圈始于 2014 年。从微博到公众号再到微信朋友圈，三者并举做自媒体文章，我希望在强调原创性之外，各有各的乐趣。微信公众号偏学术，既要有新意又要有深度；微信朋友圈偏生活，但是要有书卷气；微博学术与生活相结合，要有系列性。总之，写自媒体要让学问很生活，要让生活有学问。

632）发微信朋友圈，文字看起来少，花的工夫却不少。每天发三条微信，刻意打造一句话图文体，即一句话表达一个意思，一行字不用标点符号，配上几张精心选择的图。写微信、微博和公众号不同的是：微信一句话如做文章标题；微博140字如做论文摘要；微信公众号是写独立完整的小文章。

633）我发微信朋友圈首先是愉悦自己，然后是愉悦他人。每发一条微信，我都会掂量是否在思想上对自己有超越。如果这样的东西对他人有用处，就是额外收益。微信朋友圈几乎每条都有不低于20的点赞量，最高时超过了200。微信朋友圈的网友，有人是因为看了我的微博和公众号，要求加微信。

634）许多人喜欢我微信朋友圈谈对生活的看法和感悟。每天发三条微信朋友圈，我有一定的版面安排，其中必有一条是有自己特色的生活鸡汤，例如：要完美不要太完美，要当好朋友就要保持距离，女人要有温度男人要有深度……我读研究生时学过科学哲学，现在发微信朋友圈谈哲理，有童子功可以用。

635）我做研究喜欢库恩的科学范式及其变迁理论，曾经用来分析现代地学革命、可持续发展、城市发展、公共治理等问题。现在发微信朋友圈，也随手用来对生活做感悟。库恩说，科学需要在范式与非范式之间保持必要张力，我说，生活有时候要站在边缘看中心，有时候要站在中心看边缘。

636）我发微信朋友圈的素材，大多有关四栖教授的日常生活。当四栖教授，每年要讲几门课，发几篇论文，出国开会三四次，来来往往参加国内会议做报告。有时候高大上的学术问题搞得头大了，我会用手机照相选上几张图，弄点轻松的花边新闻和有趣故事，用发微信朋友圈的方式换脑子。

637）学术经历幕后内容的微信朋友圈常常有高阅读量。一次，到芝加哥参加国际会议，我被邀请在600人的大会上做主旨报告。从上海飞芝加哥的十几个小时，我在飞机上用便笺写英语大会发言的框架和遣词造句，下了飞机把草稿拍了照发微信朋友圈，点赞者居然有好多。

638）不管是学术活动，还是日常生活，我发微信怎么有趣怎么来。看起来没有固定主题很随意，其实有一以贯之的价值追求。我喜欢说，科学求真，人文求善，艺术求美，哲学追求真善美。我发微信讲生活，希望要有可以咀嚼的哲理，要有美美的画面感，让生活有点学术味。

639）我讲课做PPT，喜欢用图说话，相信一张好图顶上大段文字。发微信也一样，最花工夫的是配图。微信朋友圈一句话图文体，话是我的构思和想法，韵味则在形象化的图里展开和深化。朋友问哪来那么多有趣的图片，我说平时见到好图就积攒，手机里储存图片有几千张，到时可以挑着用。

640）有时候我会用九宫格盗图发一些旁人不容易看到的图片，例如惊艳的地质风光、大学校园的建筑素描、魔都上海老辰光的照片，或是研究领域的一组大师头像，或是喜欢去的江南水乡靓影，等等……有人说我的微信朋友圈是耐读的多棱镜和正能量，很少对现实生活有抱怨，从中获得的是向上和乐观。

641—650：网文读书写什么

641）当教授，我的愿景是做"四种全会"的读书分子，即会买书，寻寻觅觅把天下有兴趣的书弄到手，做成自己的图书馆；会读书，翻翻目录知道书的价值，读过几页知道书的精华；会讲书，讲课做报告看过读过的书拈手就来，讲出不一样的体会；会写书，看了许多书，可以写出与众不同的另一本书。

642）我当教授一天没读书就会有饥饿感。读书就是读自己，我最常读的是两类书。一类与研究领域强相关，例如可持续性科学、城市地点质量、绿色经济、公私合作治理等；另一类与大学教授生活强相关，例如中外大学比较、学术人生、教授小说、学者旅行等。写微博要写读过以后有话要说的那些书。

643）发微博讲读书，当然要讲知识分子的体会和感悟。我要强调的是，教授只读专业书，不读其他方面的书，就会成为马尔库塞所说的单向度的人。我一直认为，当教授要走丁字形学者的发展路线，要有固定的时间和精力读专业之外的书，要能够从更大范围和360度看专业。

644）20年前买房子搬新家，我在家中搞了两个书房。楼下工作室的书房是研究领域的书，楼上卧室边的书房是非研究领域特别是关于大学生活的书，两者藏书的数量接近一半对一半。我觉得年轻时读文学，工作后读科学，资深了读哲学，回去再看专业问题，就视野开阔，不会成为井底之蛙。

645）粉丝说我的自媒体文章好看，可能是我搞学术的同时喜欢读文学。下乡插队写过诗歌和散文，曾经是有点小名气的业余作者。上大学虽然是理工男，但是从徐迟的《哥德巴赫猜想》迷上了报告文学，报名参加过这方面的写作学习班。现在我仍然有文学情结，碰到好的小说，立马上网掏钱买来看。

646）喜欢报告文学的结果是我爱上了科学传记，觉得科学家撰写的自传或回忆录，就是英国学者斯诺所说的科学与人文两种文化。一方面，科学传记与专业相关，当年搞地学我就觉得大陆漂移倡导者魏格纳的故事比小说精彩；另一方面，科学传记的细节和心理描写有真实感，是读学术论文没有的。

647）大学毕业我留校当老师，开始从零星读科学传记到系统研读科学发展史。上课讲大地构造学，既讲学术流派和学术概念，也讲思想的发生发展。那时又读书又搞翻译，做了好几本读书笔记。我曾经用章回体形式和说书的语言，写过长文解读大陆漂移说的发生发展及其对中国的影响。

648）对科学发展史的兴趣，导致我后来报考了科学哲学与科学史方面的研究生，开始研究科学故事背后的理论问题。后来去墨尔本大学做访问学者，我拿出以前写得比较文青的大陆漂移在中国的文章修改重写，写成有问题、有考据、有思想、有规范的学术论文，在SSCI杂志上发表。

649）我搞可持续发展与管理研究20多年，强化了基于问题和基于证据的思考，读书写文章一方面强调有理和规范，另一方面强调有用和入世。现在写自媒体想写得有趣和有理，一方面研读西蒙这样的既有专业贡献又有哲学思想的学者传记，另一方面觉得要超越就事论事有一些思想输出。

650）我写这本书，说当教授有台阶有乐趣，很大程度受到西蒙学术自传的影响。西蒙说自己的人生有多种模式，可以归纳为 life of science 和 life in science 两个方面。我写自媒体，写大学教授是不同于政治精英和商业精英的第三种人，一方面要讲教授如何做有趣的学术；另一方面要讲教授如何过有趣的生活。

651—660：网文读路写什么

651）上海要把北外滩打造成为未来城市发展的新标杆，

政府部门举行网络大 V 谈北外滩的论坛，我被邀请作嘉宾发言。我没有想到学术微博粉丝超过 5 万就被认为是大 V，但是我喜欢写网文谈城市。平时出差或出国，我会在微博、微信朋友圈上写城市观察和感悟，在公众号推出读路看城市的旅行记。

652）我最初国内外旅行看城市，是被动接受的照相机模式，有什么看什么，脚踩西瓜皮；现在形成了主动抓取的探照灯模式，带着可持续发展研究的眼光看城市。城市漫游是理论研究之外的实践活动，我常常从日常事务看城市发展和地点质量，从中检验自己有关城市的想法和假说。

653）从可持续发展角度看城市，我有三个兴趣点。第一个兴趣点是从人口增长看城市发展的不同水平，区分成熟的城市、崛起的城市和收缩中的城市；第二个兴趣点是看城市生活，看城市是否宜居、宜业、宜游、宜行；第三个兴趣点是看城市的生产、生活、生态是否协调，属于可持续发展的什么类型。

654）到大城市旅行，我一定要看城市空间的三个圈。例如 2020 年初去洛杉矶，我用不同交通工具去了三个圈层，步行去了洛杉矶的 downtown，用脚丈量老城商业区、小东京和唐人街；坐巴士和打车去了都市圈几个副中心，包括圣莫尼卡、好莱坞、比弗利等；租车自驾去了洛杉矶城市群中的南北城市，如圣迭戈和圣巴巴拉。

655）从城市空间三个圈可以理解城市化的发展程度。世界银行发展报告有一个城市化的 3D 理论：城市化率 30%—

50%左右的初级阶段，是增加密度（density），做大做强中心城市；城市化率50%—70%的高级阶段，是缩短交通距离（distance），放射状发展大都市圈；城市化超过70%的成熟阶段，是发展城市群，减少空间的非均衡性（division）。

656）关于城市生活，我有"四可"理论把管理学家科特勒的《地方营销》与城市规划的雅典宪章结合起来，即有吸引力的城市要有可投资性或可创业性、可居住性、可旅游性、可通达性。国外网站介绍城市往往是四个方面，即working，living，leisure，accessability，可以从中得到"四个可"的印象和数据。

657）从城市生活的"四个可"，可以理解为什么Florida说"四个合适"中合适的城市最重要。理解为什么工业化的城市以产聚人，而后工业化的城市要以人聚产。一方城市养一方人，城市的舒适性越高，就越容易吸引高层次的人和产业。中国城市从过去40年的高速度增长转向新时代的高质量发展，需要对地点质量有精细化的规划和管理。

658）观察城市的可持续发展类型和水平，如前所述我有二维矩阵四个象限的分析模型。传统的发展是从低发展低消耗到高发展高消耗，可持续发展的目标象限是高人类发展低生态消耗。当前中国城市发展的情况，沿海城市高发展高消耗，中西部城市低消耗低发展，各自需要从不同方向进行可持续性转型。

659）国内旅行，学术活动一般集中在北上广深等一线城市，私人旅行我就避开这些地方。2007年以来每年寒暑假，一家人喜欢长三角自驾游。10多年下来，去了长三角所有地级城市和许多县级城市。享受中国江南城市的自然与人文之外，我用长三角案例做了一些中国城市可持续发展的研究。

660）国际旅行，学术活动多密集在纽约、伦敦、东京、巴黎等全球城市，私人出国我就选择去世界上一些边边角角的地方。研究可持续发展与生活质量，我认为中国发展既要向上看发达国家和发达城市，也要与人均GDP相当的国家做对照。后者中有一些国家人均GDP不比中国高，但是人类发展指数却不低。

661—670：网文读人写什么

661）我网文写人，最忆学术经历中遇到的牛人、贵人和有意思的人。学术人生的四个合适，实际上是四个环节要有对路的人。合适的教育，是求学时候有对路的导师；合适的工作，是在大学当教授有对路的校长和领导；合适的婚姻，是学术生涯有对路的另一半；合适的城市，是居住的城市有对路的市长或决策者。

662）读硕士的时候，导师是陈国达院士。他是地洼学说的倡导者，我在他手下学习了3年，理解什么叫比你高强的人比你还努力。一入学就奉命陪他到北京准备访日讲学，路上和酒店里看他如何工作，听他讲学术人生的经历。后来写导师传记，研读他提供的原始资料，进一步领悟到兴趣、自律和哲学思维对他搞研究的作用。

陈国达，1912 年出生，2004 年去世，活化构造学说和递进成矿理论的创立者。生前为中南大学教授，中国科学院大地构造研究所所长。1934 年毕业于中山大学地质系，1946 年任中山大学教授，1980 年当选为中国科学院学部委员。1956 年发现大陆地壳的新构造单元——地洼区，在此基础上创建了地洼学说和壳体大地构造学，地洼学说的诞生被列入世界科学技术史年表。(摘自百度百科)

663）论才华横溢，我佩服出生上海、留学瑞士、风流倜傥的地质学家朱夏院士。朱夏是国内最早引入板块构造学说的学者之一，对中国石油开发有重要贡献。当年我接受《世界科学》杂志邀请去采访他，写过他的访谈文章，后来曾经想报考他的研究生。朱夏先生去世后，我有幸被邀请参加追悼会，发言说朱先生是地学界的诗人、哲人和思想家。

朱夏，1920 年出生，1990 年去世，大地构造学和石油地质学家。1935 年考入上海交通大学物理系，次年考入国立中央大学地质系。1940 年毕业后考入中央地质调查所。1947 年与夫人严重敏一同赴瑞士苏黎世高等工业学校地质研究所深造。1949 年回国任浙江省地质调查所副所长。1983 年起任同济大学兼职教授。受其父知名诗人朱大可先生影响，从十余岁开始诗词创作直至古稀之年，1993 年出版《朱夏诗词选集》。（摘自百度百科）

664）到澳大利亚访学，觉得找到 Homer 是找对了合作导师。最初是联系悉尼大学，后来发现在墨尔本大学研究板块学说发展史的 Homer 才真正与我的研究兴趣对路。在墨尔本我们合作写了当代地学革命在中国的论文。学术之外，Homer 非常享受生活，我曾经与他一家一起到山中度周末。他是因为喜欢澳大利亚的生活和环境，从美国移民到墨尔本的。

665）我在同济当青椒，对当年主持教学科研和职称评审的副校长、已故的沈祖炎院士充满敬意。当年破格晋升副教授，他对我有特别的关怀和指点。后来曾经希望我到他领导的研究所兼任职务。他当院士，从来不在没有研究的地方发表意见，高调做事低调做人，有让人肃然起敬的儒雅风格。

沈祖炎，1935 年出生，2017 年去世。1951 年上海市南洋模范中学毕业后，考入上海交通大学土木工程系。1952 年院系调整进入同济大学工业与民用建筑结构专业，1955 年毕业后留校任教。1966 年同济大学结构理论专业在职研究生毕业。2005 年当选中国工程院院士。曾任同济大学副校长。从事钢结构领域的科研和教学工作，研究方向为钢结构稳定、抗震及非线性分析理论及设计方法。（摘自百度百科）

666）在同济搞可持续发展，第一时间得到的支持来自吴启迪校长。碰巧1986年我们同时来同济，看到她如何从海归女博士一步步成为民主选举的一校之长。吴校长对学校和学科发展有强烈的责任感。我从澳大利亚访学回来，她支持我们成立可持续发展研究中心，支持把可持续发展与管理作为有同济特色的研究方向。

吴启迪，1947年出生，智能控制专家。1970年毕业于清华大学通信技术专业，1981年获清华大学自动控制专业硕士学位，1986年获瑞士苏黎世联邦理工学院电子工程博士学位。1986—1993年先后任同济大学副教授、教授。1993—1995年任同济大学副校长，1995—2003年任同济大学校长。2003—2008年任国家教育部副部长。2011年任上海市欧美同学会会长。（摘自百度百科）

667）吴启迪后来到教育部当副部长，万钢接任校长。万钢2001年从德国回来，我们都是50年代人，文革中都从上海到外地当插队知青，然后辗转回上海。2004年万钢推动环同济知识经济圈建设，我曾经用三螺旋理论做分析提建议。2019年万钢以中国科协主席身份回来讨论环同济圈的版本升级，我被邀请从可持续城市化的角度谈看法。

668）我研究城市，知道市长或城市"一哥"的作用。这几年我讲课做报告，经常点赞杭州市委前书记王国平。他主政杭州的时候与有关部门合作做成了几件有影响的事情：基于 TOD 理论建成了杭州东站；用 PPP 方式建成了西溪湿地；发展杭州公共自行车被联合国作为样板。退下来后他潜心研究和传播城市学，我与他多次在学术会议上同台做演讲。

669）研究可持续发展，同龄人中的佼佼者是哥伦比亚大学的萨克斯。萨克斯是联合国全球可持续发展目标的主要理论家，我们有过几次交集。一次在清华开会，我发言谈了对低碳发展的看法。发言刚结束，他就举手发表评论，说同意我的看法。后来他发言，从可持续发展与技术关系的角度做了进一步发挥。

670）谈对教授生涯的感悟，我喜欢看哈佛大学何毓琦院士的网络文章，看他谈学术经历和学术之道，我把他奉为楷模。认识何先生是 2005 年在哈佛，他听我做报告谈中国城市可持续发展，讲完后有过很好的交谈。后来知道他早年从上海出去，在 MIT 和哈佛拿的学位，现在是美国工程院院士和中国两院外籍院士。

671—680：饭圈网友圈层结构

671）一个不认识的网友发来邮件说："我一直是您公众号和微博的粉丝，每日早晨阅读您的观点、感悟和思想。今天从您的公众号文章得知您每日发 1 条微博、1 篇公众号、3 条微信朋友圈。已经关注了您的公众号和微博，冒昧联系能否也加一下您的微信?"我肯定回复,于是微信又多了一个有诚意的网友。

672)就像大都市有圈层结构,我的自媒体饭圈从黏性看从内到外也可以分为三环:内环是多年来坚持天天看我微信朋友圈和微博的,一些人碰到我会说我写自媒体有什么什么规律,搞得比我自己还清楚;中环是听过我讲课后的长期关注者;外环是偶尔看过一次然后三天两头有兴趣的网友和粉丝。

673)与饭圈网友交流,线下线上是互补的。往往是线下的第一印象,如上课和面对面的交流,导致有人加了我的微博和微信。出去讲课做报告,我常常在 PPT 上留下微博和微信公众号的地址或二维码。有的时候讲完课或者在学术会议做完报告,可以在手机网页上收获一批新朋友。

674)内环中的网友和粉丝说,每天起来打开手机,第一件事就是看我的微博和微信。我在自媒体上写网文,最高兴认识年轻人和新进者。在大学当教授有年轻感,因为每年自己的年岁在增长,面对的学生却在一轮一轮变年轻。自媒体写网文有同感,因为碰到最多的网友是后浪,前浪有动力和压力使自己的思想变年轻。

675)看到青年网友提到我在自媒体上提出的想法和概念,或者说是读了我的微博和公众号对我的研究领域产生兴趣的,我当然会有成就感。当教授做学者,要精耕学术思想的创新性和影响力。自媒体发网文也一样,面对那些有求知欲和好奇心的年轻网友，只有提出有趣而新意的看法才过瘾。

676）自媒体不只是线上的沟通，也可以有实质性的交往。一位在香港读博士的年轻学子，开始时在微博上与我讨论 PPP，后来咨询博士毕业后的学术生涯应该怎么走。他对 PPP 的宏观经济管理研究有兴趣，曾经到哈佛随诺奖获得者哈特研究 PPP 的契约问题。博士毕业后在我的推荐下人才引进来同济当了助理教授。

677）写自媒体不只是付出，也常常带来想不到的机会。担任瑞士 Firmenich 可持续发展国际专家是一例：一天我接到一个陌生人的电话，介绍自己是日内瓦某跨国公司驻中国的公共关系 VP，说总部成立可持续发展国际专家委员会需要有中国专家，她一直在网络上关注我，来电问我是否有兴趣担任。

678）后来我担任了这个公司的国际专家，每年一次到日内瓦参加研讨，果然很有意思，很有收获。看到公司把可持续发展的四个支柱发展成为自己的 4G 战略即 growth，group，green，governance，看到循环经济、正影响、CSV 等新的商业概念如何被用于企业管理。这样的机会靠传统的学术路径不可能得到。

679）写自媒体文章意外的收获是增加了与纸质媒体的互动。经常有记者潜水看我的微博和微信朋友圈，说可以从中发现新闻报道的话题和线索。有记者上门采访了，下来后看我的微博微信公众号说里面有金句。有时候记者看我没时间，就直接从我的自媒体收集材料写文章，再来征得我的同意后发稿。

680）摩拜单车拉开中国共享单车发展的帷幕，我写系列微博进行点评，2016—2017 年间发了上百条微博。《解放日报》半年里两次采访我，记者在写对话访谈文章的同时，直接从我微博中选了 20 多条发在报纸上，标明时间说我如何从政策研究的角度看共享单车的发生和发展，也算一种另类的深度报道。

681—690：供给与需求有对口

681）有人说，饭圈网友读我的自媒体有三类需求。第一类人，对研究问题和研究看法有兴趣；第二类人，对看问题的视角和方法有兴趣；第三类人，对做惬意学者搞快乐学术有兴趣。其实，这也是我做自媒体的兴趣所在。写论文做报告心中要有对象和需求，我发网文也特别注意供给和需求是否对口。

682）对研究问题和研究看法感兴趣的网友，主要是研究领域的同行。有人从自媒体看到有我讲课做报告的信息，会想方设法到现场看我讲课"真人秀"。有一次我到北京做学术报告，有人从深圳飞过来，拖着拉杆箱跑到会场听。出去讲课或做报告，经常有人说是我的粉丝，是专门冲着我来的。

683）一个搞可持续发展的年轻海归教授看我微博好多年，在学术圈经常说，诸老师每天发几条微博，里面提出的一些问题，深化发展一下就可以用来写论文、报课题。受到他的影响和鼓吹，他的学生也三天两头上网看我的微博与微信朋友圈，讨论我在微博微信上提出的问题和想法。

684）年轻的同行和粉丝说，我的一些另类看法常常给他们带来启发。手下有博士研究生做论文，从我的网文找到有意思的问题和假说，然后寻找合适的方法和数据，写出了有意思的论文。我自己也对他们说，我们这个年龄的教授现在可以浮想联翩出思想，你们感兴趣可以深化发展做实证文章。

685）做研究的网友，最感兴趣我的网文讲述一些学术思想发生发展的背后故事，说别的地方看不到这样那样的花絮，从我这里可以窥见一些只可意会不可言传的东西。读我的自媒体，他们发现好的学术想法除了个人的思想闪光和灵感，还有外部场景和社会互动在起触发作用。

686）一些年轻学者和博士生，从喜欢看我的研究文章到喜欢看我的网络文字，目的是要从理解 know-what 的显知识到理解 know-why 和 know-how 的隐知识。如同我当年迷恋 Kuhn 的科学革命理论，最初是想了解知识生产的结果，发展到后来，觉得知道知识生产的过程更重要。

687）对思想方法感兴趣的人常常有一些跨界的研究者。方法的影响力可以超越专业，许多人研究的东西与我不一样，每天打开我的自媒体，是想看看有没有可以类比借鉴的学术鸡汤。一个搞可持续发展与企业社会责任的青年海归，把我出版的 10 本博客学术日记买全了，说要系统看看其中的 know-how 和 know-why 是什么。

688）对生活模式有偏好的饭圈粉丝关注我，是喜欢惬意教授的生活方式。当学者，有的人只有工作，没有生活情趣；有的人精于生活，没有学术建树；我做惬意教授搞快乐学术，是希望两方面都有滋有味。有人看了发微博附和说，当教授做学者，最好是诸老师这样的模式。

689）惬意教授是有体面的学术生活。学术成就与思想方法的成功有后天努力，也有天赋原因，可复制性不大，对自己成功的不一定对他人成功。但是做自得其乐的惬意教授却有一定的普遍意义，知识分子要不依附权力与金钱而生存，大学教授应该是有体面生活的知识精英。

690）社会上有话说，最困难的事情是把别人的钱弄到自己的口袋里，把自己的思想弄到别人的脑袋里。写网文，我不追求网友粉丝越多越好，而是追求有质量有共鸣的网友粉丝越多越好。我当然希望有人愿意把我的感悟和思考装到他们的脑袋里，但是没有想到现在流行的做法是看了喜欢的自媒体文章会打赏。

691—700：自媒体说自己话

691）我写自媒体文字，态度认真如同做研究发论文，坚持如一的基本原则是"读世界书、知中国事、说自己话"。读世界书，是高大上的理论维度，要懂世界的规律；知中国事，是接地气的实务维度，要知中国的情景；说自己话，是当学者的创新维度，要有自己的看法，前面两者都是为讲自己话服务的。

692）当年大学里上古生物课的一个情景，对我有警示作用：作业是观察描述化石标本，我的图画得好看，老师却判分重做，因为仿照书上多、实物细节少。这件事我一直记在心中，难以忘记。现在说"读世界书、知中国事、说自己话"，就是要求自己：读理论与方法的东西很重要，但是不能削足适履，硬套于实践。

693）做研究看问题成熟了，知道把欧美理论用于中国，需要有正反合的过程：开始是唱国际歌，对引进欧美最新理论有兴趣；然后是有中国调，发现中国发展不能简单搬用西方模式；最后是奏交响乐，强调和而不同，强调中国发展是不同于西方的 C 模式。这是我对"读世界书、知中国事、说自己话"的理解。

694）"读世界书、知中国事、说自己话"，其中说自己话的含义，是要把普遍理论中国化，要把中国实践理论化。但是学术研究和日常生活经常出现两种极端，不是过于强调中国的特殊性，就是过于强调世界的普遍性。我搞中国发展 C模式，做研究发网文坚持说自己话，希望不要在思想光谱中走极端。

695）我写自媒体有自己思想，活水源头是读书、读路、读人。学生和同事说我，读万卷书、行万里路、识万众人，不会疲倦。我的用意很简单，每天保证"三读"，用网文记录至少一个思考，一年就有 365 条思考。十多年下来，集成自媒体网文上万条，说自己话就可以信手拈来。

696）我当然不会什么东西都随便拿来就开读，而是坚持"三读"要一流，这样才有可能引发有意思的想法，保证思维的质量。中国有老话，效法其上得道其中，效法其中得道其下。我加一句说，效法其下得道其负，对"三读"要进行负面清单管理。大家说，人要活到老学到老；我说，学到老不能低水平重复。

697）诺奖获得者西蒙75岁写自传《我人生的多样模型》（1991），纵向上总结学术生涯四个20年的演进与分叉，横向上回看有交集的那些人、那些事、那些跨世界的旅行。我读过许多名人传记，觉得自己对西蒙的回顾和反思最有共鸣。我曾经一遍遍读西蒙的书，一章章写笔记，思考自己的思想如何更上一层楼。

698）人生经历要闭环，需要从一般到特殊，又从特殊到一般。我的学术人生第一段，研究地学革命是特殊，研究科学哲学与科学史是一般；第二段，研究可持续发展的理论与方法是一般，用来研究具体问题是特殊；现在第三段，需要再次从特殊到一般，对学术问题和社会问题有一般性的提炼和思考。

699）读过西蒙的书之前，我也说过人生活到80岁，可以有四个20年。前三个20年已经过去，进入第四个20年，停留在从点到点、从特殊到特殊的层次上，第四段年华就不会有新精彩。人生进入最后的转折，需要从读过的书、走过的路、看过的人中，对总揽性的东西有一些新思考。

700）我利用自媒体写网文，从 2005 年发博客至今 15 年，其实只是前奏曲，真正把自媒体思想者作为新事业仅仅是开始。过去写网文，写了许多读书、读路、读人的文字和感悟，这些都是素材，教授人生第四个 20 年完全可以从中加工出许多新东西。想到这些，我感到未来的日子是充满期待的。

8

生涯管理：701—800

有人说我是大师，我摆手说我是一个惬意教授。当教授要有名气但不要太有名气，我的教授生涯管理目标是努力实现时间自由、关系自由、思想自由、财务自由。

701—710：做教授要惬意

701）有记者采访，说周围人说我是大师。我摆手说，我不是大师，我是一个惬意教授。当教授当然要有学术建树，但是也要让乐趣与学术共生长，让惬意与当教授的时间成正比。我的惬意教授有三层含义：一是当教授要有点名堂，但不要太有名气；二是教授人生需要"四个合适"；三是当教授要有能力实现"四个自由"。

702）我们生活在专业主义不断增强的时代，做人做事要有名堂，就是要与众不同，有稀缺性和不可替代性，所谓make a difference。当教授也一样，要学有所长，坚持一辈子干好一件不可替代的事情。我的口头禅是只当 only one 不当number one，当了 only one 就有 number one。

703）做教授搞学问要有名，但不要太有名，这样可以驾驭学术人生的个人自由。名气与自由有倒 U 形关系。人微言轻没有话语权，不会有想要的自由。但是当教授太出名成为公众人物，也会在行动上和讲话上产生这样那样的麻烦。名气应该增加一个人对事情说不的权利，而不是相反。

704）我当教授不想当完美主义者。我有一个旁人粗听起来感觉不对但细想却表示同意的口号，即要勇于做一个有缺点的人，相信人像维纳斯那样断臂才是真实。人一旦追求完美，就会累得一塌糊涂，没有快乐感。我的理论是，做人追求 80% 的完美是应该并且可以的，跨过门槛边际成本就会超过边际收益。

705）教授人生追求"四个合适"，即合适的教育、合适的工作、合适的伴侣、合适的住地。有趣的例子之一是哈佛教授李欧梵：他从台湾到美国，最初在芝加哥大学念政治学博士不适应，后来到哈佛读中国思想史；毕业后在普林斯顿 Tenure 未成，转战印第安纳大学拿到终身教授；找伴侣第一个不契合，60 岁却遇到佳人；寻找宜居城市，最后从波士顿搬到旧金山。

李欧梵，1939 年出生。哈佛大学荣休教授。1961 年台湾大学外文系毕业后赴美，先在芝加哥大学念国际关系，后转到哈佛大学专攻中国近代思想史兼及文学，师从史华慈和费正清等，1970 年获博士学位。先后任教于普林斯顿大学（1972—1976 年）、印第安纳大学（1976—1982 年）、芝加哥大学（1982—1990 年）、加州大学洛杉矶分校（1990—1994 年）和哈佛大学（1994—2004 年）。研究领域包括现代文学及文化研究、现代小说和中国电影等。（摘自百度百科）

706）许多喜欢读书的人，会认为当教授是世界上最合适的工作。近年来在国内学术界和决策层都很活跃的新加坡国立大学政治学教授郑永年说："如果从政或者经商，都要想方设法击败很多敌手。我是越来越觉得做学问实在太幸福了，这是世界上最好的工作，其乐无穷。做学问不用冒犯任何人，自己跟自己较劲就是了。"

郑永年，1962 年出生。中国问题专家，曾任新加坡国立大学东亚研究所所长。1981 年考入北京大学国际政治系，1985 年获法学学士学位，1988 年获法学硕士学位，毕业后留校任教。1990 年赴美国普林斯顿大学读博士，1995 年获政治学博士学位。1995—1997 年为哈佛大学博士后。2005 年在新加坡国立大学东亚研究所工作。2005—2008 年曾任英国诺丁

汉大学中国政策研究所教授和研究主任。（摘自百度百科）

707）我自己对"四个合适"的追求是慢慢发展过来的。最初对大学留校做老师没有多少感觉，现在回过头去发现，这份工作适合自己，其实有很多潜在的理由，例如出身于教师家庭，下乡插队当知青做过中学民办教师，对写作和演讲有爱好……现在经历多了，我越来越觉得对独立自主有讲究的人，恐怕还是在大学当教授最合适。

708）我说大学教授是一个"三无一不"的职业，即无定时、无老板、无约束、发不了财。无定时，教授的工作和生活不用朝九晚五；无老板，当教授有上下关系，但是没有老板可以发号施令；无约束，宣传有纪律研究无禁区，当教授思想相对放开；发不了财，不要期望当教授是大款。

709）后来想法变得高大上起来，觉得既然当了教授，要做就要做到精致。平时读闲书，喜欢翻翻《布波族》（2000）这类书，布波族是波希米亚和布尔乔亚的整合，强调知识分子既要有情调又要有腔调。社会发展需要政治精英、企业精英、知识精英三种群体，当教授作为知识精英，要努力探索一种没有依附性的独立自主生活方式。

710）一些教授有学问—金钱不平衡症或学问—权力不平衡症。我的想法是，为什么不可以建设性地做一个工作和生活双体面的惬意教授？创造可以与政治精英、企业精英并驾齐驱的生存方式？惬意教授的生涯管理，可以把"无定时、无老板、无约束、发不了财"的原始状态，提升到"有时间自由、关系自由、学术自由、财务自由"的高境界。

711—720：时间的自由

711）大学教授的"无定时"，即有时间自由，不用朝九晚五上班，外加寒暑假，是让其他职场人士羡慕嫉妒恨的职业红利。但是许多教授会说，不要看我们没有固定时间上班，其实是没有固定时间下班，在家里也是动脑子干活。不管是苦是乐，我喜欢这种有现在零工经济优点的生活方式。

712）其实，大学老师的时间自由要分成两部分看。在青椒没有成为教授的职业前半场，时间自由更多是名义，表面上不用朝九晚五上班外加两个假期，实际情况是讲课发论文要乘以一个系数表示隐含时间，因此两个假期很多时候是"假"期。时间自由只有当上教授特别是当名教授才能名副其实。

713）研究可持续发展，知道物品的资源能源消耗看上去不多，算上生产—消费—扔弃全寿命周期的隐含部分，就放大了好多倍。在大学当老师也一样，看起来一周讲课只需几个学时，其实备课时间至少是十倍以上。何况除了上课，还要拿课题发论文，所以青椒总是说不是不用上下班，而是不知道在哪里加班。

714）我当然也是这样走过来的，当青椒的时候也要开夜工和周末加班，也要用假期时间写申请书。好处是逼着我学会时间管理，干事情区分重要性和紧急性。把时间分为前80% 后 20% 两个部分，大多数情况下我会在前 80% 的时间段把事情做好。这样做对 deadline 有主动性，干的时候有自由感，干完以后有成就感。

715）真正的时间自由是在当了教授和有了名气之后才会到来。我当教授开始有惬意感，是在当了校级教授和有了财务自由之后。这个时候，不用朝九晚五上班，两个假期可以放飞心情，时间自由有了越来越多的实质意义。除此之外，还可以利用财务自由、关系自由、思想自由，来保障和发展时间自由。

716）首先，达到财务自由和经济自主目标之后，我就给自己立了规矩：保证周末和休息日是私人时间，在家看点轻松的书，全家出去看电影和上馆子吃饭。应对各种各样的赚钱诱惑，我会实行负面清单管理。有 EMBA 请我讲课四天要占用周末时间，一般都婉谢。如果确实有意思，最多答应讲两天，周末就回来。

717）其次，关系自由保障和促进了时间自由。大学教授无老板，主要是在成为教授之后。前教授阶段的青椒，干工作有的时候还是要听学术老板的调遣和安排，许多时间不是自己的。因此，青椒只有成为教授长成大树了，才真正有可能有自己的自由支配时间，才可以对一些不愿意干的事情说不。

718）再次，思想自由可以增加时间自由。例如教授出名后常常会接到各种邀请出去讲课做报告，有的很有诱惑性。我的原则是，没有研究的事情不参与，有研究有新话可讲才出去。有一次富国沙特寄来邀请信请我参加能源会议，商务舱来回加出场费，但具体内容与自己的研究只有很表面的联系，我想了想就婉谢了。

719）我参加各种学术活动，自己发言绝对不拖泥带水，主持会议也严格掌控时间。再多的人发言，再大的场面，我都想方设法在规定时间搞完。一次我主持400多人的国际会议分论坛，13人大会发言加上7人Panal讨论。会议按时完成，上下对交流内容满意。有人说没有我的神主持，开到晚上也结束不了。

720）大学教授的时间自由，最初的时候是个美丽的绣球，只有经历过先苦后甜，才能够名副其实。对企业老板来说，有时间无金钱是穷人，有金钱无时间也是穷人，真正的富人既有金钱又有时间。对大学教授来说，有时间无地位不是惬意教授，有地位无时间也不是惬意教授，真正的惬意教授是既拥有地位又享受时间。

721—730：关系的自由

721）大学教授的"无老板"，是最吸引许多知识精英的地方。大学教授可以有行政意义上的领导，但是上下之间不是科层制的命令控制关系。其实，大学教授是一类学历最高、学问最多、最喜欢自由自在不服管教的物种。管理学大师德鲁克说：当一个人拥有越来越多的知识，越来越具有独立自主的能力时，都不喜欢被管。

722）罗索夫斯基写道：高等学校生活中的另一个突出长处是，在学术工作中没有上级。作为一个终身教授，除了同等地位的竞争对手外，我不承认有主宰我的人，或许除了一种不大可能的道德败坏指控外，也不认为有什么威胁存在。没有哪种职业像大学里的科研活动和教学工作那样，能使从业者得到一种独立和安全兼而有之的保障。

723）我谈教授的关系自由，还强调和而不同的含义。上下左右之间不搞毛与皮的依附关系，不希望我依附你，也不希望你依附我：一是对内，不卿卿我我搞山头，搞学术的人常常希望不用认识什么人就可以把事情做成功；二是对外，不患地位—权利不平衡症和地位—金钱不平衡症，知识精英对政治精英、企业精英要有独立性。

724）对内，不卿卿我我拉帮结派，既是对他人，也是对自己。搞学术有了影响力，加上在单位时间长，常常可以在求职、升等、评奖等方面，帮助有潜力的后浪。一些人在关键时候，因为我推了一把获得成功，他们对我有感激。但是我从来不希望这成为某种依附，搞出什么小阵营。

725）当教授有自主性，在与领导的交往中可以有放松感。学校有领导曾经要我出任一项职务，我说搞学术自由惯了，职务就不担任了，需要出力的时候一定尽力。我这样说也这样做，后来领导经常征求我的意见，对我有信任感。领导离任高升前，推荐我兼任了一份有意义又不用花费太多时间的社会事务。

726）有些教授会接一些学术性差的横向项目，让研究生当劳动力，结果影响了后浪的学习和研究。我坚决不做横向项目，强调做研究要搞国自然、国社科等纵向课题。我指导研究生，会让他们在读时参加一项课题，目的是从课题的申请、实施、结题全过程，了解研究是怎样进行的。但是强调参加过一个就够了。

727）在大学里做研究有两种模式，一种是完全独立做，一种是在原来已有的人脉关系中做。与传统学科有许多关系资源可以承继不同，搞可持续发展研究是新东西，没有多少传承关系可以利用。好处是上面没有沉积，可以放手自己干。因此搞可持续发展研究成为学校新特色和新优势的时候，我有成就感。

728）对外，当教授少不了要与金钱、权力、学术大佬打交道，但是我有自己的交往原则：老板可以出钱让我做咨询当顾问，但是不要期望我因此会说违心话；领导头衔需要尊重，但是碰到问题不可以唯唯诺诺；与学术大佬相处要有敬意，但是讨论问题一定要有自己的独立思考。

729）有单位高价请我去讲课，我经常婉谢，有人说请我上课不容易。其实，出去讲课我有先决条件，一定要与我的兴趣、研究、长处有关系。如果不是这样，我宁可留在家里泡上一杯茶发发呆。特别是在实现了经济自主和财务自由之后，出去赚钱已经不是主要目的，干事情有意义才是主要目的。

730）接课题做项目，如果政府甲方官僚味足，我会避而远之。有一次做研究项目，政府有关部门要我出面主持，强调意义如何如何重要。我接受了，但预先说明经费到位不要拖拉。课题进行中三天两头汇报，经费却迟迟不下来。报告完成后得到欣赏，希望我再做课题，我说我没有激情再做了。

731—740：思想的自由

731）大学教授发表看法"无约束"，是被政府官员羡慕的地方。做人有不同的价值观念，不同的人有不同的排序。当官者首选权力，搞企业首选金钱，当教授首选精神自由。匈牙利经济学家科尔奈对中国经济学人有重要影响，他在自传《思想的力量》（2005）中写道：自由作为顶层价值，不可以用物质、地位等进行替换，即使10%也不行。

雅诺什·科尔奈（János Kornai），1928年出生。1961年获匈牙利卡尔·马克思大学经济学博士学位，1966年获匈牙利科学院科学博士学位。1980年代中期任哈佛大学经济学教授，指导过一批中国学生。2002年荣退回布达佩斯居住。从1950年代起对社会主义传统管理体制下的经济问题进行研究，著有《短缺经济学》（1980年）、《增长、短缺和效率》（1982年）等。曾任世界计量学会会长。多次被提名诺贝尔经济学奖。（摘自百度百科）

732）我在哈佛访学时目睹过几个"这里是哈佛"的故事，可以用来说明大学教授的学术自由和思想自由：城市经济学权威Glaeser做报告，有同事打断他指出他的推演是错的，Glaeser当场认错，旁人解释，"这里是哈佛"；有人写了一本书说环境主义已经死亡，哈佛请来作报告，我在现场目睹自由激烈但有分寸的辩论，主办方说，"这里是哈佛"。

733）大学教授的思想自由属于马斯洛心理学的自我实现层次。它是有底线的学术自由，是当教授达到了收放自如、随心所欲不逾矩的状态。思想自由不是口无遮拦想说什么就说什么，绝对的自由不存在，当教授不要对政治说三道四，要知道这不是你的专长。思想自由当然不是口是心非，而是心口一致都是自己相信的东西。

734）当教授，我喜欢做有特色、上水平、入主流的事情。我理解的有特色，就是有与众不同的学术自由和思想自由。有水平、入主流如果无特色，许多情况下做的是跟随性的研究；有特色同时有水平、入主流，才可能有创新性的意义。这可以用科学哲学家库恩对常规科学和革命科学的区分进行理解。

735）我读库恩的书《科学革命的结构》（1962），喜欢他对常规科学与后常规科学或模式 1 与模式 2 的区分，乐意到思想自由多一点的领域去做非常规的研究。搞可持续发展研究有这样的意义，一方面对传统的增长主义和环境主义是有革命性的后常规科学，另一方面是有整合性价值的跨学科研究。

736）做研究我享受先发散后收敛的过程：只要有可能就一定从发散性思维入手，写出从 0 到 1 的第一篇文章；如果非常规的新领域符合发展趋势，就持续改进和不断深化，从 1.0 到 2.0、3.0……进行版本升级。当然研究新东西，太早了是半夜鸡叫，太晚了是天亮鸡叫，要恰到好处懂得在人似醒非醒时开叫。

737）思想自由使我对跨学科研究有偏爱，看事情喜欢问题导向而不是概念导向。可持续发展和管理的研究被认为是宏观政策与管理范畴，为跨学科研究可持续发展提供了最大的思想空间。主流经济学研究环境与发展，强调效率改进和弱可持续性；从管理学的系统思考研究问题可以超越经济学思维的狭隘性。

738）思想自由也是我喜欢做巴斯德型研究的原因。研究问题有 why 和 how，把握两者之间的关系，可以不走偏锋不随大流赶时髦。过去，在人们埋头做书斋式研究的时候，我开始介入政策咨询，关注学术研究的政策意义；现在，在人们一窝蜂搞智库的时候，我觉得学者做政策研究一定要有更深刻的学理思考。

739）有了成就有了地位的惬意教授，干事情追求名声、金钱、权力肯定不是主要的，是不是有意思或者说好玩才是主要的：不好玩的事情肯定不做，好玩的事情会爽快答应；两件都好玩的事情，有冲突的时候选择更好玩的那一件；如果事情开始的时候是好玩的后来不好玩了，就毫不犹豫退出。

740）思想自由不是走极端，而是知晓整个光谱后的正反合；思想自由是了解所有可能的选项，懂得将它们放在当下的背景中进行权衡；思想自由是有底线的思维张力，对非此即彼的极端思维有免疫力。我自己的思想自由，特别强调面对 A 模式和 B 模式的两种对立，要有包容性的 C 模式思维。

741—750：C 模式思维

741）如果我的思想自由有中轴红线，那么核心东西就是非 A 非 B、亦 A 亦 B 的 C 模式思维。这种思维不偏执于某种极端，而是包容整合两个方面的优点；这种思维不随大流不赶时髦，常常作为旁观者从边缘看中心；这种思维不是故意与主流作对，而是欣赏熊彼特所说的毁灭性创新，以非线性方式改进和发展主流。

742）C 模式思维，是我搞可持续发展的价值观和元方法，基于此可以产生一些与主流不一样的想法。以从循环经济到分享经济 20 多年研究为例，我曾经三次做研究说新话。第一次是 1998—2000 年倡导循环经济，指出线性经济导致资源环境消耗无限增长，经济社会发展要与资源环境消耗总量实现绝对脱钩，需要转向循环经济。

743）长期以来人们搞线性经济，在开采—制造—使用—抛弃的垂直方向上进行效率改进，做了很多努力，但始终无法让经济增长与物质消耗脱钩。我在德国听到把物质流闭合起来在水平方向上提高利用效率的想法，脑洞打开突然有一种通了的感觉。搞可持续发展，就是喜欢这种非主流非线性的思想冲击。

744）后来认识瑞士学者 Walter，受到他的绩效经济概念启发，我把循环经济区分为废弃物的循环、产品的循环、服务的循环三种类型，认为最有创新意义的是服务的循环。前两者是对线性经济流程的补充和改进，只有服务的循环倡导不卖产品卖服务，对传统的生产与消费模式是非线性突破，可以创造出全新的东西。

745）第二次是 2016—2018 年研究共享单车，我觉得需要为中国式 B2C 的分享经济站台呐喊。摩拜等共享单车一出现，我觉得期盼已久的服务循环或产品服务系统有了中国案例。有人以 Uber 和 Airbnb 为例，说美国式 C2C 是真分享，中国 B2C 是伪分享。我觉得这是跟风式的说法，其实 B2C 的共享单车是中国式的创新。

746）我的非主流思维有三部曲：在新事物冒出来的时候要摇旗呐喊，当新东西成为主流的时候要有冷思考，当新东西进入平飞状态要保持思维张力。因此我很容易发现人们把美国式 C2C 当作分享经济主流时候存在的问题。分享经济的本质是不求拥有但求所用，B2C 和 C2C 只是两种表现形式。

747）我用发展阶段不同分享经济有不同表现进行解释，说发展中国家物质存量不够需要发展 B2C 的分享，发达国家物品闲置越来越多需要发展 C2C 的分享。其实发展 B2C 的分享经济，对中国是一种跨越式发展的机会。通过共享出行，中国可以以低于发达国家的私人小汽车保有量实现交通出行现代化。

748）第三次是最近以来从共享经济到共享城市的思考。对于共享单车和共享汽车，许多人就交通方式论交通方式。我点赞共享单车是对传统私人自行车和政府公共自行车的进步，点赞共享汽车是对传统私家车和出租车的进步。但是我进一步强调，共享出行对于重塑城市交通与城市空间有非预期的变革意义。

749）我从两方面解读共享出行对于城市发展的意义。第一方面是把共享出行与公交都市结合起来，这样做才能满足人民日益增长的美好出行的需求。城市综合交通体系按照地铁、常规地面公交、共享单车、共享汽车排序，其中共享单车通过解决最后一公里问题，提升了公交功能。

750）第二方面是共享出行要求城市空间进行重组，可以非预期地推进去小汽车化进程。1990 年代以来中国城市空间的规划与建设都是以小汽车为导向的，汽车占用了 50% 强的道路资源，但是提供的出行却小于 30%。共享出行可以促进城市空间微更新，让城市路权回归到大多数市民手中。

751—760：财务的自由

751）大学教授的"不发财"，当然是挑战，它把一些既想当教授又想是大款的人拒之门外。改革开放以来，国内一直有"搞原子弹不如卖茶叶蛋"的说法。在美国大学当教授，也有同样的学问—金钱不平衡症。当上教授的人，当然脑子不会笨，但是中外大学都一样，靠当教授发财是不可能的。

752）一般人羡慕当教授有时间自由、关系自由和说话自由，但是在学术界看得多了，就知道教授如果没有财务自由，也不能保证学者的独立性。我常常诧异，一些平时看起来说话高调的教授，为了拿到企业家的资助或者政府的项目，常常围在老板或官员身边低三下四不计人格。

753）对当教授发不了财，真正的学者有心理准备，不会为此患上学问—金钱不平衡症，因为金钱不是他们追求大学人生的出发点，好奇心驱动的思想自由才是当教授的首选。但是教授不发财，不等于教授不可以有财务自由，不能有经济自主和体面生活。有钱的人不等于值钱，但是值钱的人应该可以有钱。

754）另一方面，中国传统文化又鼓吹知识分子要有穷酸气，即使衣衫褴褛也要做出硬汉样子。从这个角度看，在知识经济浪潮中崛起的创意阶级或布波族概念倒是有价值的，做学者当教授应该是有腔调的布尔乔亚和有情调的波希米亚的化合物。我搞可持续发展这种对社会有用的巴斯德型研究，看起来是坐在了这样的潮头上。

755）1990年代末中国开始房改。我没有挨年头等单位分房，很早首付加房贷买了一套商品房，首付来自口腔运动做社会演讲的收入。这是可持续发展研究带来的经济收获，是富脑袋与富口袋的良性循环：知识服务于社会可以来钱，有了钱可以改善生活，改善了生活可以更好地做学问。

756）教授打零工出去讲课做报告获得额外收入，有分寸有节制不影响校内事务，学校一般不会反对；如果为学校增添的是声誉和光彩，学校还会感到高兴。我最初进入社会，是被江浙政府邀请到十几个县市做巡回报告，后来被内地商学院的EMBA项目邀请去讲课。财务自由的第一桶金就这样发展起来了。

757）从社会演讲开始，我的知识创造财富之路逐渐开阔。有城市搞可持续发展，请我当专家作报告做政策咨询；有企业搞社会责任管理，请我讲课当顾问做独董。足迹走出学校，走出上海，从沿海到内地，从国内到国外。做二个小时报告的报酬，20多年间从最早的200元提高到10多倍以及后来的100多倍。

758）社会经历多了，我对布波族教授的感悟变得丰满：当教授发财是不可能的，但是教授过体面生活是必须的，学者的收入和生活应该有舒适感；有思想和创造力的教授，既要有能力把钱转化为知识，也要有能力把知识转化为钱；钱作为学问成功的标识之一，符合知识是生产力的概念，做学问对社会越有用，可以得到的回报就越高。

759）财务自由，既要有足够的流动资产，又要有合适的年收入。流动资产方面，高净值人士的国际门槛线通常是100万美元；年收入方面，美国名牌大学终身教授含税年薪起点在10—15万美元左右。我提出惬意教授的"两个一"标准，按照人民币计算，流动资产1000万和年收入100万。当然这绝对不是富豪的标准和门槛。

760）过去20多年来，我的经济自立和财务自由的"两个一"工程，是分环节三阶段实现的。20世纪90年代伴随商品房单价从4位数到5位数甚至6位数的上升，用讲课收入的第一桶金买了产权房；股市2015年上冲5000点，用投资基金钱生钱实现了流动资产目标；2016年后知识精英的人力资本和特聘教授含金量大幅度提高，达到了年收入目标。

761—770：用智力去钱生钱

761）在哈佛访学的时候，有一次合作导师Rogers请我到他办公室谈事情，我看到他在电脑上看基金走势。后来知道美国的大学教授，许多人是靠投资基金实现经济独立。前面提到的何毓琦教授，他的财务自由经验之一就是储蓄、买入、多样化和长期投资，早年在股市里小赚了一笔钱，他到北边的新罕布什尔州买地建了一个度假房。

762）我财务自由的主战场也是用智力去钱生钱。1992年中国股市刚开始不久，我就买了股票，后来主要投基金，因为不用占用太多时间。实现目标的关键一跃，是2015年股市冲向5000点。这之前的2014年，我看出股市在3000点有盘整企稳的迹象，开始分期分批投入资金进行左侧埋伏。

763）我开始建仓拿筹码就做了预案，如果指数继续往下，我就越下跌越买入，让持仓成本一点点降低。索罗斯说，股市机会千载难逢，遇到了，看准了，就要用尽可能大的力量扑上去。我如愿看到股市反身向上越过3000点，而我的平均持有成本是2800点，开始有盈利了。

764）2015年股市越过4000点，上班族纷纷进入股市抬轿子，学院的教授们中午吃饭时间开始聚在一起谈股市。指数从2800点到4200点，我的账面收益已经有50%。我做投资如同做学问，大家冷的时候我热，大家热的时候我冷。5000点之前我生退意，眼光转向看房市，准备实施早就有的买第二套住房的计划。

765）我找房产中介寻觅起来。前后看了几套房不合意，刚想耐下性子准备挑挑拣拣弄上一年，突然有一套房子一见就钟情：房子是在同一个小区同一幢楼，同样的复式，房东是上海移居德国的德文翻译，装修保养有品位，价格在我的预算内，一次性付款可以打折扣。我没有多少犹豫就要了下来。

766）我马上从股市里拿出钱，一手交钱一手交合同，上下家与中介都感到这笔交易做得痛快。股市几次上攻5000点没有成功，转势向下，许多高点冲进去的人成为新的套牢盘。我抢了先机从股市向房市转移，保证了胜利果实没有脱手飞走，后来证明这是难得的一次股市房市双丰收。

767）买房签完合同，国家就出政策放松了限购，买房者冲进房市抬高房价。我的房子买入才几个月，房市价格非理性上涨，一些卖房者签了合同出现反悔，有的上下家闹争执打官司。我的上家知书识礼，按照合同执行。1年后房价翻了一番，直到2017年北上广深限制交易，上涨势头才变缓。

768）那些年，投资收益除了实现流动资产预期目标之外，我前后买了两套房子。一套房子是为儿子成家做准备，另一套是在养老院给老人买的养老房。20世纪末上海买商品房的单价是4位数，买第一套房总价几十万，现在单价涨到5位数，要后浪自食其力买房已经不现实。

769）有人问我看得准，是否对股市技术有专攻。股市"四碗面"，即技术面、资金面、政策面、趋势面，我对技术面既不上心，也不钻研。技术面是微观细节，看多了容易频繁进出，赚不了大钱。我看重的是宏观趋势和基本面，看准了，一年甚至几年做一次，认为这样才可以抱到金娃娃。

770）现在有人问我什么时候又可以股市进场了，我说我早就洗手不干了。2015年关键一跃达到了财务自由目标，我就把股市里面的钱撤了出来。同时，出去讲课做报告的时间也大幅度降低。我说，以前工作是为了财务自由，现在财务自由了，就要去做自己想做的事情，一味挣钱不是我的目标。

771—780：二维矩阵与四个自由

771）我用 C 模式思维处理四个自由以及相互间的关系，喜欢用二维矩阵把抽象的东西形象化。二维矩阵由两个维度组成四个象限，A 维度有高和低之分，B 维度有高和低之分，好的生涯管理兼容并包 A 与 B 的优点。C 模式思维追求两个维度有交集，惬意教授的标志是高 A 和高 B。

772）多年来我在上课写文章中用《哈佛商业评论》倡导的二维矩阵方法表达思想，日积月累形成了自己的管理矩阵 100 例。二维矩阵背后的管理思想，可以理解为把德鲁克所说的 do right things 和 do things right 整合起来，有效果是 effectiveness，有效率是 efficiency，自我管理的目标境界是既有效果又有效率。

773）惬意教授要时间自由、关系自由、思想自由，前提条件是财务自由，这个概念与 Brooks 的布波族和 Florida 的创意阶级有相通之处。做成二维矩阵解读惬意教授，一维是有没有知识和情调，另一维是有没有财富和腔调。波希米亚有情调没有腔调，布尔乔亚有腔调没有情调，布波族是既有情调又有腔调。

774）国际上对财务自由的理解有两个维度：一是流动资产100万美元，二是年收入10万美元。两个都没有，不是财务自由；只有一个，也不是财务自由。可以从中看到人力资本和金融资本各自的作用。大学教授的财务自由，实现年收入目标要靠本职工作收入，实现流动资产目标需要懂得如何钱生钱。

775）把要钱不要钱、要命不要命形成组合，个人发展与国家发展类似也有三阶段：开始是要钱不要命、用命去赚钱，初级阶段的发展常常如此；随后进入要命又要钱的阶段，财务自由刚刚越过门槛线；最后进入要命不要钱、用钱去换命的境界。我的生涯管理是要把钱与幸福的关系从倒U型变成飞机起飞型。

776）大家碰面问忙吗，许多人常常回答忙死了，我的回答是不忙。这是我界定的惬意教授的时间自由。时间管理的二维矩阵需要把事情分为重要不重要、紧急不紧急。我喜欢80/20定律，集中精力做好20%有80%影响的事情，剩下的时间自由支配，所以做完了不少事情仍然可以有悠闲。

777）大学教授有关系自由，是既做成事情又人格独立，教授与企业老板和政府高官打交道，特别需要C模式精神。建立关系自由的二维矩阵进行分析，日常生活中有许多两者分裂的事例。有人做成了事情，但是以对权力和金钱做依附为代价；有人骂骂咧咧自称是独立知识分子，但是却不能做出大事情。

778）要做成事情，关键是要影响有影响的人。按照影响大与小、支持与反对，我用利益相关者管理二维矩阵进行排序，依次是大影响支持者—大影响反对者—小影响支持者—小影响反对者，决策要务是扩大支持者、缩小反对者。重要事情要成功，一是有影响大的支持者，二是没有影响大的反对者。

779）旁人说我在学术上和生活上有与众不同的想法，我自称是非线性非典型思维。把收敛与发散、线性与非线性作为两个维度做二维矩阵，许多人的思维定势也许是在现有模式的延长线上想问题，我却喜欢跳出延长线在有高处的地方谈想法。对常规性问题，做收敛性非线性思考；对变革性问题，做发散型非线性思考。

780）思想有深刻与浅表之分，方法有复杂与简单区别。一些人把用复杂的方法谈复杂的思想当作高深，一些人用繁琐方法证明着地球人都知道的常识。我同意思想自由的境界是大道至简，思想要深刻 make a difference，方法要简单 be simple，玩弄方法是思想被囚禁的不自由的表现。

781—790：走向身心自由

781）在大学当教授，有人未老先亡壮志未酬，也有人活到最后笑到最后。杨小凯英年早逝是前者，一些学者活得长寿不战而胜是后者。知识精英生涯管理的重要事务是要用智力管理好身体健康。大学教授活到 80 岁以上，手脚灵活没有老年痴呆症，脑子好用照样写书做报告，就是身心自由的成功。

782）大家都说，做人身价再高，健康是 0 的话，就什么都没有。惬意教授要时间自由、关系自由、思想自由、财务自由，追求到最后是身心自由。有一次我在几百人参加的国际会议主持 panel 讨论，时间长达几小时，想上厕所却不能脱身，我深感有一种活人被尿憋死的生理心理不自由。

783）中科院牛文元教授在国内搞可持续发展享有盛名，78 岁去世。生前我们有许多交往，当年是他寄来时任中科院院长路甬祥签名的邀请信，请我担任中国可持续发展丛书循环经济卷的主编，该套丛书后来获得国家图书奖。旁人常常说我们是北牛南诸。我送花圈表示哀悼，惋惜现在人均寿命高于 80 岁，牛先生 78 岁去世看起来有点早。

牛文元，1937 年出生，2016 年去世。第三世界科学院院士。中国科学院可持续发展战略研究组组长、首席科学家。1962 年毕业于西北大学。1994—1995 年担任美国弗吉尼亚大学富布赖特教授。1983—1987 年与已故院士马世骏一起参与了联合国《我们共同的未来》报告编撰研究。主要著作有《自然资源开发原理》（1990）、《持续发展导论》（1994）、《可持续发展系统分析》（1998）等。（摘自百度百科）

784）一个前辈说过充满阅历的话：与对手竞争，最后的胜利者是活到最后的那一位。搞学术做研究，不仅要看谁打响第一枪，还要看谁能笑到最后。前者是拼眼光与机遇，后者是拼身心与健康。追求身心自由首先是理念问题，我对这个问题的基本态度是：带病生存、心态满足、读书健脑。

785）带病生存不是说对身体健康不重视，而是说有毛病是人生之常态。以往我看到体检指标超标会紧张，读过《病者生存》(2007)一类书，发现身体健康状态实际上是光谱，大多数介于很健康和有危险之间。特别是年岁增长身体老化，有这样那样指标超标是常态。身心自由是要学会与病共存，关键是不要让小白兔类小问题成为灰犀牛类大问题。

786）人的生命有没有韧性，是看对疾病有无免疫力和适应性。年岁长上去之后，不是要与年轻人比免疫力和适应性有多高，而是看免疫力和适应性不要退化太快，退化速度快于他人甚至超过同龄人平均水平就是问题。有话说，老虎来了不是看谁跑得快，而是看谁不落后。教授人生进入第四个20年，是否惬意要看健康年龄有多长。

787）身心自由的深层原因在于心态满足。如果说生存问题没有解决的时候，向上对标是进步动力，那么财务自由之后，就要告别横向攀比。我喜欢琢磨幸福经济学，知道超过福利门槛后进一步物质扩张对福利的边际贡献是递减的。因此，在人群中不会左看右看，而是一心一意干自己喜欢的事情。

788）我的心态满足，一方面不与拥有更多的金钱、权力、地位的人去攀比，另一方面尽量少与满腹牢骚的愤世嫉俗者打交道。我不喜欢当愤青抱怨这抱怨那。遇到事情不顺，我有一夜缓解法，第二天醒来恢复如常。人有太多怨气，就是心理有病。我说，为什么要让吃相难看、情绪低落成为常态，自己给自己不自由？

789）一些人用很多沙发时间看手机看网络而不是读书，其实网络媒体东西看多了，常常会负能量多正能量少：一方面媒体广告常常把诱惑和攀比放大到国家和国际级别，人要有满足感变得很难；另一方面媒体偏爱小概率事件的负面新闻，常常把人的愤怒点搞得非常低。要情绪正常，在大脑与网络媒体之间要有防火墙。

790）我同意哲学家波普尔的三个世界理论，身体是客观的第一世界，大脑是主观的第二世界，书籍是客观知识的第三世界。身心自由，要用好的客观知识去影响主观世界和客观世界。与网络媒体打交道要能够熔断负能量，多读有价值的好书才是积累正能量，才能给大脑带来愉悦，给身体带来健康。

791—800：身体健康三件事

791）教授人生进入第四个 20 年，时间自由、关系自由、思想自由、财务自由，在纵向上一般都达到了最佳状态，唯独身体健康是倒 U 形曲线，开始出现退行性改变。学者生涯的最后挑战是要以身心健康的背影退下场，我个人的办法是做好三件事：治理已病、每天走路、源头节食。

792）治理已病，要在问题萌芽状态花时间，而不是问题大时病急乱投医。媒体报道先进人物如何拼身体干工作，我总是觉得有点反科学。看到一些很牛的学者对自己的身体不注意，最后被可以弄好的毛病送了命，遗憾和痛惜的同时我对自己说，前车之鉴当警惕，当教授必须学好健康管理这一课。

793）大自然造人极其精密，身体上的任何一个零部件看起来平常，一旦用人工物件去替代，就会发现再怎么仿制，都比不上原装的好。所以治理已病保护健康，一是要尽可能保护和用好原生态的那些身体部件，二是部件有退化仍然有要注意维护修缮，三是对实在不行的部件要果断进行断舍离。

794）15 年前去美国访学半年，我出国前的重点工程是花时间修理牙齿。从那以来 10 多年，从烤瓷牙到种植牙，前后投入 6 位数的钱，一直觉得很值得。最近几年来，我有系统地实施健康扫雷行动，每年针对性地做体检，然后针对问题，逐一进行治理，排除可能有的定时炸弹。

795）比治理已病积极的是每天走路保持运动，走路本身没有治疗意义，但具有预防价值和健身价值。更直接的目标是减肥，因为肥胖是许多慢性病的原因，例如高血压、脂肪肝、糖尿病常常与肥胖正相关。我体重有些超标，每天走路的首要目标是降低体重，或者至少不让它胖起来。

796）将近 20 年，每天走路已经成为我的 logo。有人上下班开车看到我在马路上大步快走，开始时还问我要不要搭车，我说就是不想坐车才走路的，后来就没有人理我了。到市里开会办事情，原来也自己开车或打的，现在一律改乘地铁，可以在两头多走路。反正，只要找到理由，我就会走路。

797）坚持走路许多年，最基本的发现是，单靠走路消耗的热量其实是有限的。每天万步走，只能勉强抵消一天三顿饭吃进的平均热量；如果胃口好多吃了一点，每天走上几万步也抵消不了；如果经常有应酬吃馆子，可能几个月的走路都废了。需要把控制进食放在比走路更重要的位置。

798）开始时我不太确信节食能否把体重降下来，看多了有人喝白开水也瘦不下来的事例，觉得这主要与遗传因素有关系。一次我出国时感冒发烧，少吃了几顿饭，回来后一称体重猛然少了几斤。想到生病减重虽然不正常，但是每天少吃一点特别是晚饭要少吃可能对减重有效。

799）我原来有吃下午茶的习惯，觉得这种英式生活很不错。每天下午忙完事情，会泡上一杯咖啡或者普洱，弄上一点糕点，坐下来享受一番。现在把三餐之间的任何进食都删除了，吃下午茶的习惯一并革除。如果干完有难度的事情想犒劳自己，替换的方式是喝杯水，弄点坚果水果吃。

800）30 多年前在青海，周末时候大家会把早饭与中饭合在一起，少吃一顿饭，这是前现代化时代的穷。后来出国看到老外也有类似做法，发明了一个词，美其名曰 brunch，这是后现代的节食。我感兴趣的是，晚饭是否也有理由做减法。我现在晚上过了八点，不管在哪里，会做到坚决不吃任何东西，包括婉谢盛宴招待。

图书在版编目(CIP)数据

从青椒到思想者:教授的台阶和乐趣/诸大建著.—上海:上海三联书店,2023.1重印
ISBN 978－7－5426－7285－8

Ⅰ.①从… Ⅱ.①诸… Ⅲ.①高等学校-师资培养-中国 Ⅳ.①G645.1

中国版本图书馆 CIP 数据核字(2020)第 246227 号

从青椒到思想者:教授的台阶和乐趣

著　者／诸大建

责任编辑／殷亚平
装帧设计／一本好书
监　制／姚　军
责任校对／张大伟　王凌霄

出版发行／上海三联书店
　　　　　(200030)中国上海市漕溪北路 331 号 A 座 6 楼
邮购电话／021－22895540
印　刷／上海普顺印刷包装有限公司

版　次／2021 年 1 月第 1 版
印　次／2023 年 1 月第 4 次印刷
开　本／889×1194　1/32
字　数／200 千字
印　张／7.75
书　号／ISBN 978－7－5426－7285－8/G·1587
定　价／38.00 元

敬启读者,如发现本书有印装质量问题,请与印刷厂联系 021－36522998